BASHI CANGSANG

八十沧桑

一位老区小学女教师的坎坷人生自述

詹远英　著

语文出版社
·北京·

图书在版编目（CIP）数据

八十沧桑 ：一位老区小学女教师的坎坷人生自述 / 詹远英著. -- 北京 ：语文出版社，2017.6
ISBN 978-7-80241-516-4

Ⅰ. ①八… Ⅱ. ①詹… Ⅲ. ①詹远英一自传 Ⅳ. ①K825.46

中国版本图书馆CIP数据核字(2016)第317793号

责任编辑　刘　笛
装帧设计　刘姗姗
出　　版　语文出版社
地　　址　北京市东城区朝阳门内南小街51号　100010
电子信箱　ywcbsywp@163.com
排　　版　北京杰瑞腾达科技发展有限公司
印刷装订　北京市科星印刷有限责任公司
发　　行　语文出版社　新华书店经销
规　　格　787mm × 1092mm
开　　本　1 / 16
印　　张　16.25
字　　数　218千字
版　　次　2017年6月第1版
印　　次　2017年6月第1次印刷
印　　数　1- 1,000
定　　价　45.00元

010-65253954(咨询) 010-65251033(购书) 010-65250075(印装质量)

2010 年在国家大剧院前留影

1999 年在北京北太平庄总政大院写自传

目　录

第二章　喜忧交加的五十年代

第三章　风云变幻的六十年代

第四章 争来转机的七十年代

第五章　喜事连连的八十年代

第六章　跨世纪的悲情与天伦之乐

序

一位母亲的博大情怀

钟读绪 朱毅岩

这本书的作者是一位普普通通的小学教师——詹远英同志。我们共事时间很长，她的口碑一直很好。二〇〇八年，她以七十六岁的高龄，带着多病的身子，顽强地写完了这本十多万字的书稿。我本是一个不大容易动情的人，但手捧书稿，竟一鼓作气地把它读完了。我们为之感动，为之震撼。一个在旧社会饱经磨难的孤儿弱女子，凭借不高的文化水平，在党的召唤下，冲破封建礼教的束缚，挣脱家庭的羁绊，毅然决然地走出家门，踏上了三尺讲台，一干就是三十八年。近半个世纪的风风雨雨，坎坎坷坷，有喜有悲，有笑有泪，有花有果。

书中，一个年近八旬的老人娓娓道来。朴实无华的语言，纯真的感情，自然的流露，见证了六十年中国的沧桑巨变。经历了寒冬的人更懂得珍惜阳光的温暖。詹老师以中国妇女特有的勤劳、善良、勇敢、智慧的品质顽强地与命运抗争，与困难斗争，百折不挠。书中的字里行间贯穿始终地折射出一个字——爱。她爱党、爱教育事业、爱家庭、爱孩子。

掩卷遐思，人们常说“巾帼不让须眉”，女中豪杰在哪里？就在我们身边。詹老师就是一位伟大的中国女性，就是一位了不起的母亲！她的博大情怀，只有读完这本书才可能有所领略 。

詹老师是个知恩感恩的人，年轻时代她就意识到，是中国共产党给了她新的生命，给了她做人的尊严。二十世纪五十年代初，她就向党组织递交了第一份入党申请书，但由于极左路线的影响，让她一等就是近三十年。这三十年里，她始终没有放弃对党的信赖、向往和追求，坚持干好工作，坚持每年递交一份入党申请书。一九八三年，她终于迎来了终生难忘的日子，成为了一名光荣的共产党员，实现了终身的理想和追求。

怀着对党的感恩、追求、向往之心，詹老师忠诚党的教育事业，几十年如一日。她承受着所谓的历史问题，忍受着病痛折磨，扶老携幼，相夫教子，拉扯五个子女，克服了常人难以想象的困难，不顾家人和同事们的劝阻，在教学的前沿阵地上摸爬滚打。她没有多高的理论水平，也没有多深的文化功底，但是她凭着对教育事业的忠诚，对孩子的爱心、责任心，赢得了学生的喜爱、家长的放心和领导的信任。她研究儿童心理，自制教具，精心设计每一堂课，丰富的教学经验让她成为全县小学数学界的骨干教师、领头雁、排头兵。她爱生如子，家长千方百计要把孩子送到她的班里。如今，她的学生很多已成为各行各业的栋梁之材，不少学生至今还常来看她，令她甚感欣慰。她还培养了一大批青年教师。因此各种表彰、奖励接踵而至，詹老师当之无愧。

“事业家庭两不误”，这句话说起来容易，做起来很难。但是詹老师做到了，她很好地处理了事业与家庭的关系。一九八六年，安徽省委、省政府给她家颁发了“五好家庭”奖状，并为她个人颁发了奖品和证书，其事迹材料发表在省级刊物上。

如何“两不误”？詹老师没有什么诀窍，唯一的做法就是比别人更多地付出。大爱无疆，为了爱，她是那样的执着；为了尽责，她是那样的顽强。待人处事，詹老师考虑周到；相夫教子，詹老师全心全意。政治运动高发期、三年困难时期，詹老师工资微薄，疾病缠身，冤屈压心，工作和家务都极其繁重，丈夫无法为她分担，全靠她自己硬撑。“文革”的冲击，迫使她拖儿带女，多次往返于县城、乡镇和农村。她省吃俭用，宁可自己饿着，也把粥留给孩子；住茅棚，娘几个睡一张床；冒着被洪水冲走的危险，抱着生病的孩子，蹚着齐腰深的河水去就医；顶着烈日长途跋涉去看望生病的儿子；四处奔波，持续数年照看得了绝症的丈夫。她像一部永不停歇的机器，一个劲地运转。

她曾感到茫然无助，也曾暗自垂泪，但她都顽强地挺过来了。她用自己的生命诠释着人们常说的含辛茹苦。她心系孩子，为孩子的喜而喜，为孩子的忧而忧。她用自己一生的辛劳在告诉孩子：为了你们，母亲愿意付出自己的一切！可怜天下父母心。

詹老师有四儿一女，分别取名为叶鹏、叶鸣、叶鹤、叶鸽、海燕，名字均和“鸟”有关，意在天高任鸟飞。让她感到骄傲的是，在自己的影响下，孩子从小懂事，真的是“穷人的孩子早当家”。大儿子叶鹏上高中时，每月家中给他十元生活费，他舍不得花完，利用假期打零工，一个学期结束放假时，竟带回七十元交给母亲，硬让詹老师感动得泪流满面。几个孩子十来岁就帮着父亲上山打柴、挑水、脱土坯。贫困磨炼人的意志，她的孩子在贫困中健康成长。同时他们知道，努力学习是报答母亲的最好方式。

大儿子叶鹏参军提干，后考上武汉大学，毕业后在《解放军文艺》社当编辑，是中国作家协会会员、中国当代文学研究会会员。

二儿子叶鸣从部队考上大学，复旦大学毕业后在上海军事法院任法官，后赴美攻读法学博士学位，著书立说，成为知名国际律师，在法庭上为中国人讨公道，其事迹多次被国内外各种媒体报道。

三儿子叶鹤淮南煤炭学院毕业，在煤炭部选煤设计院工作，是高级工程师，多次获部级科技进步奖，组织上多次安排他出国考察。

四儿子叶鸽武汉理工大学毕业，于安徽建材工业学院任教，后攻读研究生，在学院担任中层干部，系党总支书记。

小女儿詹海燕上海铁道学院毕业，上海交通大学工程硕士研究生，高级工程师，在上海地铁公司工作，常出国考察，成为学科领军人物。

这份清单，饱含了一个母亲多少辛酸、牵挂与付出。如今面对累累硕果，詹老师能不开心、能不欢笑晚年吗？五个子女都已建立了幸福的家庭，个个事业有成，家家幸福美满，儿女竞相尽孝，媳妇女婿通情达理，一大家子和睦相处，其乐融融，还能有什么可以比这些更让一个母亲感到欣慰的呢？

按说，詹老师该尽享天伦之乐、颐养天年了，但她又拖着病躯，伏案写作，前后历经十几年，洋洋十多万字。她是要把这份对教育事业、对孩子执着的爱和责任心，留给家人，留给后人。这也许是一份家庭的特殊精神遗产吧。

看看一个山区小学教师的人生路，看看一个母亲半个多世纪的坎坷生活，作为读者，不管是年长者还是年轻人，都能从书中或多或少地得到一些启发，或许这就是这本书的价值所在吧。

2009 年 2 月 28 日

（钟读绪系金寨县教育委员会原主任、金寨县梅山一小原校长，于 2014 年去世；朱毅岩系金寨县梅山一小原校长）

第一章 ┃ 孤苦的童年

永恒的伤疤

童年，多么诱人的字眼，人生最幸福、最甜美的阶段莫过于此。天真烂漫，无忧无虑，睡在母亲的怀抱里，生活在母亲的溺爱中，蜜一样甜。

童年是金色的，而我的却不然，从来到这个世界开始，我似乎就是个多余的人。一九三二年农历五月二十七日（公元一九三二年六月三十日）这天，一个有着三个女儿的年轻母亲在河南省商城县又生下第四个女婴，那个女婴就是我。

大热天出世，母亲詹何氏没有奶水，只有靠米粉糊糊代替，幼小的我总是吃不下去糊糊。母亲连糊糊也不能亲自喂我，为了全家人的生计，刚坐完月子她就得看店，协助父亲做生意。大姐操持家务，二姐喂我，她自己也还是个孩子，每天喂三次，不吃硬灌。她这边灌进去，那边我“哇”的一声吐出来，吐空了，哭累了，就睡着了，谁也没有把我当回事儿。就这样一天三次，喂了吐，吐了哭，哭了睡，我竟也活了下来。到两岁的时候，我终于学会走路了。

年轻的母亲又相继生下了两个妹妹。父亲詹鸿良说：“贼不偷五女之家，我已有六个女儿了，贼不会来偷我们家了。”

孩子多了，家里住不下，又无人照看，只有让我去外婆家住。

外婆家也穷，去她家睡觉得吃过晚饭以后。每天吃完饭，我还得把自己的饭碗送到厨房的桌子上。一次，我不小心摔了一跤，打碎了碗，碎片划破了我的嘴唇，划得很深，成了三瓣嘴，血流不止，又无钱治疗，只有听天由命，让嘴唇慢慢愈合。从此我的嘴唇上留下了生命中第一个永恒的伤疤。

在我的记忆中，好像就从没有在母亲的怀抱里睡过觉。我有姊妹六人，还有一个哥哥。繁重的生活担子压得父亲喘不过气来，母亲整天和父亲一起奔波劳碌，哪里有闲暇照顾我们呢？

三岁丧父

灾难过早地降临了，父亲在我三岁时就因病去世了。父亲是什么模样，我已经记不清，听母亲讲，父亲是个很有进取精神的人。

父亲原是河南省商城县曾油坊乡下的农民，靠种地为生。母亲则是商城县县城里的人，她嫁到农村后，和农民一样吃苦受累。父亲不忍心让母亲吃苦，决心要改变以农为主的困苦生活，于是开始学做生意。没有资本，他就当脚夫，用一根扁担和两个肩膀，把乡间的农产品挑到城里去卖，再从城里贩日用品回乡下。他常年往返于河南、湖北之间，最远跑过武汉三镇，靠一根扁担闯天下。日积月累，父亲由脚夫升为工头。他组织一帮脚夫跑汉口，手头上渐渐有了一点钱，他不愿在农村待了，索性带着母亲、哥哥和姐姐们住进商城县城里，租了房子做生意。

商城县位于河南省东南隅，大别山北麓。据史料记载，春秋战国时期，先属吴后属楚，有“吴头楚尾”之称。商城县城关镇是一座有近五百多年历史的古城，在二十世纪三十年代仍保有古城墙和护城河，街市布局仍是宋代留下来的样子。

搬进城里后，母亲虽不识字但很精明，她帮着父亲看店卖东西，父亲在外面跑货进货。母亲不会记账，但是她心里有一本清清楚楚的账，货物进出有条不紊。同时，家里什么时候都收拾得干干净净。不到两年，家里的生意做大了，父亲买了房子，还在乡下置下了八亩地。

父亲是个非常善良讲究孝道的人，他认为日子好起来了，不能忘记祖先的恩德。父亲在兄弟间排行老三，上有两个哥哥。那时有种风俗，为了表示活人对死人的怀念，人死后并不立即入土下葬，而是建一个小草屋临时停放棺木，叫作“丘”。“丘”到一定的时候，选择个好日子正式下葬。不知什么原因，到父亲修葺祖坟地的时候，家里竟然“丘”了八座棺木。父亲不辞重任，辛辛苦苦地把上两代祖先的墓地全部修葺一新。请阴阳先生看好日子，使八位先人都入土为安了。先人安息了，父亲却病倒了。有人拿来公鸡放在父亲的肚子上，公鸡没有跳走。于是就有人说，是“中邪了”“老坟地动坏了，一个日子只能葬一口棺木，怎么能葬八口棺木呢？”

父亲很快就去世了。现在看来，父亲靠一根扁担两只脚闯天下，付出了太多辛劳，他是积劳成疾。以现代科学的观点来解释父亲的死因，很可能是因为死人长期不下葬，尸体腐烂，有大量的病毒散发。一日之内接触八口棺木，危害之大可想而知，长期劳累，加之受病毒侵袭，以致突然患病死亡。

一九三五年夏，父亲去世了，家里的天塌下来了。父亲修坟欠下的债务无人偿还。无奈之下，年轻的母亲卖了刚买不久的房子，租下了破旧的小房。她要独自承受一家八口人的生活重担，我们的生活苦极了，一天三餐大都只能吃青菜喝稀饭。

战争的摧残

艰苦生活的折磨，我的两个小妹妹终没能熬住，在父亲过世不到三个月的时间内她们两个就相继夭折了。

那时母亲才二十八岁，她那么年轻，又很能干，完全可以再嫁。但为了我们兄妹五人，她选择了一边做针线活，一边照顾打理父亲留下的生意。大姐和二姐也都长大成人。在当时，女孩子大了就不能留在家里给母亲当助手了。她们俩相继出嫁，家中留下母亲、哥哥、三姐和我，我们孤儿寡母相依为命，靠父亲生前留下的货底子和少量的田租来维持生活。

一九三七年，抗日战争爆发。日军对侵占地区实施“三光”政策，我们母子四人在兵荒马乱的年代里深受战争之害，白天不敢在家里待，警报笛声一响，我们吓得魂不附体，哪里有洞就往哪里钻。房屋被炸毁了，我们无家可归，又不敢待在县城，只有逃难到乡下。

难民们住在一起，吃大锅饭，不管男女老少都住在一个大铺上，为了保命人们什么也不顾了。日军依然不放过无家可归的难民，又到乡下搜山。我们母子四人逃到深山老林里，用雨伞挡风雨。日军上山来了，我们就往山洞里钻。潮湿、饥饿折磨得我们患上了多种疾病，闹疟疾、生疥疮。日军进了村，烧杀奸掠，无恶不作，我们恨透了日军。

战乱让亲人也暴露出卑劣丑恶的一面。上山避难时，母亲将维持生计的货底子交给她堂哥等人照管，让他们把货埋在屋后面的地窖里，等日军走了我们再挖出来上街去换钱。殊不知，日军刚一走，母亲让人去起货，地窖早被知情人挖得空空的了。

母亲得知养命的东西被人挖走了，气得当场口吐鲜血，差点死去。我们母子到了呼天不应叫地不灵的地步。说起来是亲人，但利欲熏心，乘人之危，他们有心要我们孤儿寡母的命，已是不择手段。战争把我们害苦了。

进入学堂

当时日军要进攻武汉，商城是必经之地。打通武汉后，日本人就离开了商城。我们孤儿寡母又回到了县城。

母亲投亲靠友借来了钱，重新摆起了小百货摊，生活将就维持。哥哥詹远来已经十一岁了，母亲将他送到一位私塾先生那里，要他读孔圣人的书。这种私塾学费挺贵的，先生的学钱按月付给，逢年过节还要给先生送礼，因此只能他一人去读。

那年，我已经七岁了，母亲把我和三姐送到邻居家读书。邻居有个叫杨大姐的，她读书回来无事做，自己在保里办起了学校。就她一人教书，教室是庙里的房子，学生自带桌椅，这就算是学校了。那时管这种叫洋学堂，收费很少。

送去后，母亲请这位杨老师给我们姐妹俩起个学名。老师为三姐起名詹远贞，我叫詹远英。就这样，我和三姐合用一个书包上学，每天，我把书包背在身上，心里觉得挺高兴的。跟这位杨老师在一起，我好像没学到什么东西。我只记住了书上的几句话："开学了，国旗飘，先生同学都来到，见了先生行个礼，见了同学问声好。"也不知什么原因，没过多久，这个不成形的学校就停办了。

我和三姐同时转到另一个保小——黄氏祠小学。这里有很大的空场子，还有几间空房子，两边是教室，中间空着，住着几个国民党的伤兵。伤兵整天躺在那里，不停地呻吟，炊事员来送饭，往那一放就走。重伤员爬不起来，就吃不成。如果伤员乞求送饭的人给他盛饭，不但不给盛，反而还要挨骂。有一次，我亲眼看见一个伤兵还没有断气，就被抬去活埋。临抬走时，那个伤兵还哀求："别慌埋，我还没死呢！"抬的人大骂："你都臭了，不埋干啥。"真是惨不忍睹。

这个学校的桌子是用砖头砌的，板凳自己带。学校有三个老师，一个男的叫毛福东。两个女的，一个叫吴兰芝，一个叫张春婷。在这里我读二年级，三姐读三年级。教语文的毛老师挺喜欢我。我读书声音大，吐字清楚。有一次几个保小联合起来搞演说比赛，毛老师写好了稿子递给我，教了几遍我就会读了，我读得有声有色，老师都说好。但不知何故，这次演说比赛没有搞起来。

一九四三年四月四日是儿童节，国民党第四十八师驻在商城，对商城的儿童还算关心，这天全县举行了一次小学生身体健康比赛。经检查，我的身体各个部位都很健康，在同龄学生中我得了第一名。奖品是一些文具，还有一包粉笔。我高兴极了，回校后我把粉笔交给了学校，其余的东西我和三姐共用。

这段生活是我童年中最好的时光。母亲做小生意，粗茶淡饭可以填饱肚子，我们兄妹三人每日里一道上学，又一道回家，我感到非常高兴。

我们上的黄氏祠小学只设初小，到了三年级就读完了，得转入中心学校读高年级，也就是四到六年级。当时前线仍在打仗，年成又不好，母亲的生意越来越差，无力供养三个孩子一齐读书。无奈只得让三姐辍学在家，揽些手工活来做，增加点收入，以贴补家用。懂事的三姐同意了，她在家每天锁袜口和袜脚三打，这样可挣到一角多钱，当时是五分钱一打。哥哥仍在私塾学堂里读《百家姓》《千字经》《论语》之类的儒书。我转入商城县城最好的中心一小——梓桐殿小学。这个学校从环境、校舍、教室、操场、课桌椅等都好，比起我原来上的保小不知要好多少倍。同学多，老师也多，教学水平也高，学校很正规，管教也严。记得有一次，我因迟到而被罚站，还被先生打了手心。打那以后，我再也不敢迟到了，每天夜里都惊着心，早上自己醒来从不让母亲叫。直到现在，我还有早醒的习惯。

这个学校从三年级起，学生每天要写大小字各一篇，日记一则。我没有写字的天赋，字总也写不好。但爱动笔，日记从不间断，虽然老一套，流水账，可培养了我的兴趣。

我爱作文，特别是写伤感的文章，我写得凄惨动人。我写我的父亲时，我哭了，同学们看了也哭了。老师还给了我好评语。教室后面墙报栏里，经常贴有我的文章。可是，我的算术不怎么样，属中下等。到了复杂有难度的四则运算应用题，我就不行了。经常请教成绩好的同学，我的整个成绩属中等，未留过级，课余时间喜欢踢毽子、打乒乓球之类的活动。

那时，母亲和三姐都做些针线活拿到街上去卖，如布单鞋、棉鞋、小孩帽子、枕头罩子等，生活勉强维持。我们孤儿寡母相依为命，生活和睦，感到温暖幸福。

哥哥性格刚强，爱动，整天坐在老先生身边读书，他感到苦不堪言。先生告知母亲，说哥哥逃学不去读书，母亲也是性格强硬的人，打骂了他，可能下手还很重，哥哥一气之下离家出走了，到处都找不到他。我们心中都很难过，哥哥的出走，给我们生活带来了阴影和苦闷。

我于一九四六年夏天从梓桐殿小学毕业，拿到了毕业证书，高兴地回到家中。

中学生活

那个年代的女孩子是很少读书的，看到母亲和三姐每天为吃饭而日夜操劳，我很犯愁。目不识丁的母亲理解我想继续上学的心情，她也吃够了没有文化的苦头。儿子走了，就寄希望于我，要我继续升学。升学谈何容易。那时小学升初中的比例我不了解，但从我们一人巷和澡堂巷两条巷子的考生和录取人数来看，想考上初中是非常难的。

那时我们两条巷子共有十一人报考，结果商城县中学只录取了我一人。榜上有名了，我非常高兴，邻里们都来向我母亲祝贺，开天辟地第一回，我们詹家出了个初中生，母亲特别高兴。高兴之余，母亲又很忧愁：上中学的费用比小学高多了。为了让我上中学，母亲只有投亲靠友借钱，才能让我去报名。

上中学与上小学大不一样。我们初一年级就是一个大班，共有八十多名学生，来自全县和邻县（固始、光山等），光我们一小就有三十多名。我们八十多人在一个四间大的教室里学习。

学校住宿生很多。全班共有女生十八名，不管高矮，排位时统统坐在前两排，男生再矮也要坐在女生后面。走读生也不少，县城的学生都是走读。但学校要求走读生和住校生一样，参加早操和早读。每天早晨五点钟天不亮就开始点名上操，然后早读，下了早读回家吃饭再来上学。谁也不敢迟到。有时来晚了，我就饿着肚子上完上午的四节课。下午还有两节课。放学时不站队，一窝蜂似地挤出校门去。

中学的老师不像小学老师那样认真负责，课堂上老师是倾盆大雨一直下，不给学生思考的余地。会不会在你自己，老师是不问的。特别是教数学的老师，那真是误人子弟的典型。他从来不批改作业。

每次班长收了送去，拿回来还是原封不动，学生不知对错，谈何进步？上课铃声响了，他仍在下棋，铃声落了好大阵子，他才口叼香烟，慌慌张张拿着教本走进教室，接着他就一个劲地往下讲。他水平高，上课从不看书，但就是不批改作业，不考查成绩，不根据学生实际教学，学生就没有兴趣了。我在小学时数学就不怎么好，又遇上了他这样一位不负责任的老师，数学就更糟了。

幸而语文老师挺好，他叫吕敬梧，举止文雅，讲课头头是道，批改作业也很认真。特别是批改作文最认真，每篇作文都有批语。我的作文在中学里有些进步，与吕老师的教学有方和认真负责分不开。我永远记得这位好老师。

上了中学还有个怪现象，那就是男女生再熟悉也不敢讲话了。一旦发现有讲话的，男生就起哄，乱扯一气，所以索性就不讲话了。就这样，学习也没有什么大收获，比较平静地过了一年。

一九四七年秋天，正值内战时期，国民党第四十八师和第五十八师都驻在商城县城内。城外山上的大炮一天到晚没完没了地轰。老百姓在炮声中度日如年，我们母女三个处境更难了。三姐已到十七岁，那个年头就算是大人了，她只好赶紧出嫁。

母亲一人做针线挣来的钱养命都不够，哪里还有力量供我读书？眼看就要辍学了，当时刘邓大军南下，在大别山金家寨一带打游击，安徽立煌县的有钱人躲避共产党来到了商城。二姐詹秀英和二姐夫冯长年也带着孩子回到商城，看我们母女俩如此困难，就给了我两块银元。我拿着这两块银元，又到学校报到上课了。

那年上中学二年级，局势很混乱，白天大炮轰，夜晚匪兵到处搜、抢。二姐和我们在一起时，我们母女俩不至于太害怕，但二姐家人多，也不宜和我们一起长住。二姐走后的一天，天刚黑下来，几个广西兵闯进我们家，开口就骂“吊你老母嗨”，并大声嚷道：

"有澡盆吗？"母亲忙把我拦到身后，说："有、有。"那两个匪兵拿起澡盆，又要抢我们家的柴禾。母亲忙说："老总，我们是可怜人家，没有烧的，你去别处找找吧！"话音刚落，匪兵一记耳光打在母亲脸上，骂了一句"吊你老母嗨"，拿起澡盆和柴禾就走了。我们母女抱在一起哭成泪人。

还有一次，我刚睡，母亲在油灯下做鞋。几个匪兵突然踢门进来，拿着手电筒到处乱照，嘴里说："有八路没有？"母亲急中生智，忽地一下坐在我头上，忙说："老总，我们是穷老百姓，哪里会有八路呢？"匪兵乱照了一阵子，把一床垫单拿走了。我们母女又躲过了一劫。

这半年，学校也是乱糟糟的，学生三天打鱼，两天晒网，想来就来，想走就走，老师也是无心教学，我们就这样在学校混了半年。

九个月的服侍

父亲去世后，我们母女的生活，先是靠摆货摊维持。躲日本人时，货底子被亲戚起走，货摊摆不起了，只能靠几亩薄田的租子维持。租子不够我们母女的生活费用，母亲只好夜以继日做鞋卖，她把这叫作"拨针头子"。记得她是一天一夜做成一双鞋，拿到街上去卖，换来了钱我们母女才能买米做饭吃。我们母女就靠母亲做鞋度日，不这样就无米下锅。

母亲没日没夜地干，终于弄垮了身体，得了病。先是发烧，没钱治就拖，慢慢地拖成了肺病，不停地咳嗽吐痰，渐渐消瘦。

母亲是一九四八年农历正月二十那天卧床不起的。古云：死得穷不得。我们住的是租来的房子，房东见母亲病倒了，付不起房租，就加我们的房租。交不起房租，就撵我们搬家。真是滑路撵人，但也没办法。

母亲吩咐我请来亲戚卢大哥，让他帮忙在他们家附近再找一间房子，能住下我们娘俩就行了。卢大哥找了一间连窗户也没有的破房子。这年五月的一天，三姐扶着母亲，母亲脸色苍白，东倒西歪，连站也站不稳，我们走进了那间破房子。凄凉的情景，直到现在仍历历在目。

搬过去以后，母亲的病渐渐加重。她是个明白人，知道自己的日子不长了，她更知道我们一贫如洗，穷得连饭都吃不上。无奈，她只好决定出卖父亲生前置的家产。在商城城关西乡大柳树，有八亩水田是父亲买下的，佃给姓李的人家耕种。每年给我们家八担稻谷，年成不好时还得让租。三姐出嫁时，卖过两亩多给三姐置办嫁妆。剩下的五亩多水田，也就是我和母亲的命根子了。到了这个地步，也只好出卖了。

亲戚们帮忙，找到了买主，共卖了三百多块大洋。钱到手后，母亲先想到了我，她对三姐说："拿一百块钱出来留给小四，不管死活不动这钱。"我当时在一边听了不以为然，总以为母亲不会死，等钱用完了再把这一百块钱拿出来用，我要钱做什么呢？接着母亲继续吩咐，给她买棺木、做寿衣、买吃的。我的担子更重了，三姐只能白天过来看看，整日整夜都是我一人陪伴母亲，出去买东西，回来烧好，一口一口喂母亲。

有时，有同学来找我，征得三姐和母亲的同意后，我与同学一起去学校听几堂课。母亲在床上睡着，我没精打采地从学校回来，抬头看见两扇虚掩着的门和躺在床上久病不起的母亲，伤心极了。这时母亲瘦得只剩下皮包骨了，看到此情此景，我再也无法继续上学了。一九四八年秋后，我就辍学在家，每天紧紧围在母亲身边，侍前侍后，问长问短，送水送药。

母亲得的是肺病，她不停地咳嗽吐痰。每天都要吐很多痰，我从不嫌她脏，给母亲洗脸洗澡梳头，倒大小便、倒痰盂、扫痰、洗衣服，我从没一句怨言。母亲经常发烧，每到这时，我就得去请医生。医生不来，我倒地就给医生磕头。开了药方，要去拿药。钱少了，药拿不出来，我也只有给药店的人磕头，请他们帮忙。他们看我可怜，便开恩把药给了我。

我从不嫌母亲肺有病，也从未想过会传染，每每她吃过的东西，剩下来的，我大口大口地吃，但也没有传染到我。

那时很迷信，听到人说，哪座庙里菩萨显灵，我便立即买点香纸去求神拜佛。我一个心眼地想把母亲伺候好，我不能没有了母亲。我看了许多孝顺父母的故事，像朱氏女割肝、王祥卧冰、董永卖身葬父……我常常趁夜深人静时悄悄走到院子里，双膝跪下，求上天保佑我母亲病好，无论要我身上哪一块肉都行，只要母亲病好，我是在所不惜。

我服侍母亲长达九个月，从没厌烦。在我的心里，即使母亲有病在床，我也是有依靠的，所以我不能让她离我而去。

明明白白上路

一切都是徒劳，我再竭尽全力尽孝，也未能挽救母亲的生命。

一九四八年农历九月二十九日这天一大早，母亲很清醒。她把我和三姐叫到病床前，说："今天就是我的死期，你们把床上的帐子下掉。"听到这话，我和三姐立刻木呆了，不知所措。不知怎的，我一下子把脸贴到母亲的脸上，大哭大叫了起来："大姑啊（算命的说我不好养，要反叫爹娘，我就叫母亲为大姑），你不能死啊，你死了小四怎么办啊，我跟谁啊？”母亲只是流泪，一句话也没有说。三姐比我大三岁，已经嫁人成家，比我要冷静很多。她一边劝我别哭了，一边要我坐到母亲身边，看护母亲。她出去找人来下帐子。

一会儿，邻居卢大哥夫妇来了，邻居熊家的二姑奶奶也来了。母亲紧闭双眼，躺在床上，脸色苍白，十分虚弱。

他们动手把床上的帐子取下来，然后就在屋里坐下来。我们五个人坐在母亲的身边，我用手不停地摸摸母亲的脸，拉拉她的手，其他人一句话也不说。这种状况一直延续到下午，夕阳西下的时候，母亲又睁开双眼，要熊二姑奶奶给她穿老衣。

母亲的寿衣和棺木都是用卖田的钱购置的，所以还比较好。棺木是十六个头的大杉木做的，八面上漆。寿衣和铺盖全是真丝做的，铺的是黄色丝绸套的棉絮，盖的是白色丝绸套的棉絮，据说这就是铺金盖银。大概母亲是这样想的，在阳间一辈子是穷人，到阴间不能再受穷了，做鬼也要体面阔气点才好。

熊二姑奶奶动手，一件一件为母亲换上寿衣，卢大姐在一旁帮忙。穿好寿衣后，母亲更虚弱了。她们慢慢把母亲放在床上，母亲闭上双眼，静静地躺着。到了晚饭后，母亲又小声地说：“你们把我抬下铺。”

我们租住的房子太小了，放不下棺材。临时向房东借了一间房，停放母亲的棺材，打地铺。按风俗，人不能死在床上。要是死在床上就表示背床负债的意思。打地铺就是把稻草铺在地面上，上面再垫上床单。卢大哥夫妇把母亲从床上抬到地铺上。母亲躺好后，好像没有气了。熊二姑奶奶把在锅里摊好的鸡蛋皮子放到母亲嘴上。母亲是肺病，那时人们认为，在患肺病死的人嘴上贴上鸡蛋皮子，病毒就出不来，也就不会传染别人了。

其实那会儿母亲并没有咽气，一向自尊心极强的母亲，做出来一个反抗的举动。也不知哪来的力气，她奇迹般地伸出右手，一下就将鸡蛋皮子拨开了。大家都很惊奇，不知道怎么办好。我伤心极了，只是大哭大叫："大姑啊，你不能死啊，你死了我怎么办……"

在母亲的铺前，大家站的站，坐的坐，静静地看着她。母亲的泪水从眼角淌出来。我和三姐哭得更伤心了。过了好大一会儿，母亲又发出微弱的声音："你们怎么还不烧轿啊？"听到她的吩咐，卢大哥和卢大姐把母亲抬起来，将准备好的箩筐翻过来，让母亲坐在箩筐底子上。母亲哪还能坐得住呢？二姑奶奶在母亲的身后面扶着，卢大哥夫妇在母亲的两边扶着。让母亲坐稳后，卢大姐要二姑奶奶代她用力扶住母亲，她好去把岁数线拿来。

岁数线拿来了，她在母亲耳边小声说了一下，母亲立即抬起右手，伸出了中指，让卢大姐把岁数线系在她的中指上。我和三姐拉着母亲手指上的岁数线，往烧轿的地方走去。我俩边走边哭边说："娘啊！您上轿，您走好！"

到了烧轿的地方，我和三姐跪在地上磕头，并倒在地上打滚哭叫："要娘啊，要娘啊！"二姑奶奶哭着来劝阻我们，要我们回到母亲身边。

卢大哥夫妇已把母亲安放在原来的地铺上了，经过这样一番折腾后，母亲已经含泪咽气了。任我们姐妹再哭再喊，可怜而坚强的母亲再也没有任何回应……

母亲永远闭上了眼睛，丢下了孤苦伶仃的我，不知去向何方……那些天，我只知道哭啊，哭啊，整天整夜地哭。

死前下帐子、穿老衣、烧轿子都是商城县死丧的风俗。轿子又叫魂轿，是人死后入阴间用的交通工具。人死前穿老衣、烧魂轿，这表示体面地进入阴间。人死后再做这些，就不起作用了，因而一定要在咽气前穿老衣、烧轿子，才能够得力中用。岁数线是根据死者享年的岁数，有多大就取多少根白线，缠在一起，人死前由子女牵着岁数线把死者送上轿。这一切都是在母亲清楚地指挥和配合下进行的。

现在写来，除了伤心之外，更感到母亲生命力的伟大和神奇。她活着时，艰难地支撑着一个家。她英年早逝，死得是那样清楚、明白，维持着人的尊严，有人生的悲壮传奇色彩。后来我的那些邻居说起来，都认为我母亲死得那么明白清楚，是一种奇迹。

为母亲暖井

母亲临终前，关于我的安排，她始终没有留下只言片语。但对她自己后事的料理，却是非常明确。她和三姐交代过，和邻居卢大哥一家也说过，当时我都在场，因而记得很清楚。

她说："我死后不上我们家老坟地（也就是曾油坊詹家的祖坟地，我父亲精心修葺过，他自己也葬在那里），自愿到县城附近乡下的义地去。你们到义地找个地方把我埋了算了。"不去老坟地的原因她没说，但我们都知道，老家的人伤透了她的心。

她去世后，我们和邻居卢大哥按照她的遗愿，在商城城东四里地的义地里，托人找了一块空地，作为母亲的墓地。所谓义地，就是有钱人做善事，买下一块地，让买不起墓地的穷人可以下葬的地方。这种地方，是谈不上风水的，稍稍有点钱的人家都不愿去那里。

母亲死后，这个家也就没有了。就在她去世后的第十一天，直接抬到义地下葬了。出殡下葬的那天，棺木抬到了地点，井也挖好了。按风俗习惯，死者的子女要先到井里睡一会儿，表示把井焐暖，然后再把棺椁放进去。

当时母亲身边无儿子，侄子也没有来，三姐已经出嫁，算是婆家人，只有我来暖井了。为母亲做任何事情，我都心甘情愿。他们一说，我就毫无顾忌地跳下了井。井有三尺来深，我直直地平躺在井底，好像母亲就在我的身边，我一点也不害怕。这块地虽然没有经风水先生看过，说不出好处和名堂来。但我看见四壁和井底的土层都是干爽爽的、黄亮亮的，当时就觉得这块地很干燥、很暖和，母亲睡在这里，不会受到水的侵袭，不会受凉。母亲一生爱干净，这里也是干干净净的，完全符合她的心愿。

我睁大眼睛往前方看去，觉得母亲的坟朝向很宽广，遥远的青色山影，就是辉旗山主峰之一的金刚台菊花尖，我的心里暖流直滚，觉得母亲睡到好地方了。也就是这一看，让我大致记住了母亲墓地的方位。四十年后，就是凭着这一看的印象，我和哥哥在一片荒芜中，重新找到了母亲的坟墓。

寄人篱下

母亲临终前，没有留下只言片语，更没有吩咐过任何人，她走了以后我跟谁，我要怎么办。因为她深知，我无人可跟，无人可靠。讲出来她流泪我辛酸，就索性在她走前，给我留下一百块大洋，任我在世上漂泊流浪。

母亲走后，乡下的自家堂哥、大姐也都来了。道士说要到农历十月十一日才能出殡，这就是说，母亲死后还要在家里住十一天。可怜的母亲，是舍不得这么早就离开人间的。母亲这年才四十一岁，我十六岁。她更舍不得弃下我一人，死了还要在这间破屋里陪我十一天。这十一天里我一点也不怕，和三姐整日整夜地守在灵堂前，哭得死去活来，谁看了都同情。

母亲出殡三天后，堂哥们把我家的破烂家具挑的挑，抬的抬，先弄走了，但没有一个人要我跟他们走。城里的二舅是孤身一人，总是依附在亲戚家里生活。三姐在万家是孙媳妇，三姐夫没有职业，在家里吃闲饭，自然说不上话。三姐望着可怜的我，不断地流泪，但也无法讲一句“四妹跟我”的话。大姐是分开门户过日子的，大姐夫常年在汉口做生意不回家，家中有一个儿子和一个女儿，生活也还过得去，但他们家还是在外做生意的大姐夫当家，所以也未曾开口让我去她家。二姐在安徽的立煌县（现金寨县），离得太远了，没有告诉她，她不知道，也没有回来奔丧。

眼看着母亲的后事办完了，东西也搬走了，房屋里空荡荡的，房东就要来收走房子，我再也无法在这间破屋里待了。万般无奈的三姐哀求着大姐说：“大姐，你看在我们姊妹的份上，把小四领走吧，她也不小了，母亲还留了一百块大洋给她，若有合适的人家说个亲，送出去就是了。”大姐无可奈何地收留了我，我当即跪下来，给大姐磕了个响头。大姐扶起我，我扑进大姐怀里，哭得死去活来……邻居和亲戚让卢大哥领着我出去给亲友们谢孝。之后，我就和大姐一起去到她的家——商城县吴河乡曾油坊村大塘坳，也就是我父亲的老家。

母亲给我留下一百块大洋，她怕我年幼无知掌管不住这笔钱，就把一部分交给三姐的婆公，我们叫他老舅。把一部分交给门口的邻居，我们叫他季三叔。他平时对我们母女很好，母亲的意思是等用时，我去向他们要。母亲太相信人家了，交钱时没有要人证，也没有留下字据。

我是一九四八年农历十月下旬到大姐家的。初去时还不错，我们四个人住一个房间，大姐和外甥睡大床，我和外甥女睡小床。我每天帮大姐做点事，带外甥玩玩，更多的时候是想念母亲和自己的家。有时我也私自到离大姐家不远的詹家祠堂去，那里放有母亲的灵牌，说是过了五七之后才烧掉。我见到了灵牌，就好像见到母亲一样。灵牌要放十多天，母亲生前没有照片，所以我老想去看看，直到灵牌烧了后，我才没有去了。

过了一个多月，大概就是腊月初吧，大姐夫从汉口回来了。他回来之后，情况就全变了。我和外甥女从大姐的房里搬到大姐的厨房里，在灶台旁边放张床，我和外甥女就睡在那里。大姐共有三间房子，一间卧室，一间客厅，一间厨房。最糟的是厨房还是个过道，直通他们卧室、客厅和外面，三个房间只有他们的卧室有门，客厅和厨房都没有门，我们姨甥两个就等于睡在大门外，极不安全。

幼小的我，从没有想到过会有什么意外之事发生。我一向视大姐大姐夫为父母，非常尊敬和信赖他们，没有想到大姐夫一回家后就盯住了我，我只觉得不对劲，但也无处可去，只有在他家委屈地待着。

然而人面兽心的大姐夫竟真的对我下狠手。那是一个严冬的夜晚，外面北风呼啸，漆黑一团，我和外甥女在熟睡之际，一只大手突然伸来摸我，我吓得惊叫起来，一把将外甥女紧紧地搂在怀里，连声大叫："芙蓉、芙蓉，快醒醒、快醒醒，有贼来了。"他见我这一叫，手就缩了回去。大姐家在大湾子（村子）里，同姓的亲戚自家人很多。我们睡的地方紧挨着别人的房屋，我再一叫肯定会来人的。

他灰溜溜地走了，但又怎会善罢甘休呢？早年他在国民党光山县当过什么官，又在商城县长名下当过官，是个出了名的色狼。他的前妻就是受不了他的欺辱而自杀的，后来娶我大姐也是依靠势力强压的。当时我虽不知道这些，但我害怕他，我越想越怕。

这时外甥女也醒了，当时外甥女也只是十岁的孩子，我紧紧地抱着她坐在床上。过了一会儿，大姐来了，我见了大姐，泣不成声，低头不语。大姐说：“他是惹不起的，我留你在这里，还要得到他的同意。他说了，你若不从他，就将你卖出去，我也无法。”我听了，头就像炸了一样，想了想就是要死，也不能死在他这里。我不哭了，也不怕了。我说：“我去小五姐那里解个小手就回来。”

小五姐是大姐三嫂家的童养媳，还未成亲，就睡在与我隔间的房子里，平时我们很要好。大姐同意了。我起床摸到小五姐门口，轻轻地把她喊醒。小五姐一听是我，就忙起来开门，我一下子钻到她被窝里，把头蒙得紧紧的，什么也没有说。小五姐栓上门，我脱险了。但我岂敢入睡，我不敢同小五姐讲什么，挨得太近，我怕大姐听见了。我独自苦苦地想办法，一定要逃出这吃人的地方。

大姐的湾子里有个叶家的堂嫂，姓林。她心直口快，人也很厉害，人们都怕她。她平日里对我不错，我管叫她林小嫂，经常去她家玩。在此之前，她曾跟我说过：“小四姑，你人不大个头不矮，女孩子个子大了，在人家住长了也不好，我明儿给你说个婆家，有了家也就好了。”此时，我只有偷偷地去找林小嫂，求她想办法救我。

天还没亮，我就起身去到林小嫂家。碰巧她丈夫外出做生意去了，她一人在家。我敲她房门，她开门一看是我，就惊讶起来：“小四姑，这么早你怎么来了？”见到她我就像见到母亲一样，一头扑进她怀里大哭起来。

当时她抱住我，一边给我擦眼泪，一边问我：“什么事？是不是受人欺负了？”我把事情告诉了她，并问她我以后该怎么办。好心的林小嫂沉默了好半天，最后帮我出了个主意：“你赶快离开他们家，去你三姑家或者你六哥家住，他们家再不好，也不会伤害你。

等我丈夫回来了，就叫他立马去立煌县叶孝春家提亲，到时候我再设法找你。”

就这样，趁大姐他们还没有起来，我一人偷偷地跑到八里开外的汤泉池，找到六哥桑寄宽家里。六哥本是我大伯父的儿子，随他外婆家姓桑。到了六哥家，我什么也没有说。六嫂人也挺好的，要我跟她睡，让六哥去店里睡。在六哥家里待着，我心里也急，但有了安全感。大姐也不知道我到什么地方去了，我在这里等着林小嫂的信。

被迫早婚

林小嫂的丈夫叶光凤从立煌县回来后，林小嫂立即把我的情况和他讲了，并问及叶孝春之子叶光裕的情况。叶光凤说：“他已经问过叶孝春，叶光裕在家无事，也未订婚，正想找个媳妇，带个信去他就来，让小四姑和他见见面，俩人同意也就行了。”

叶孝春也是曾油坊人氏，从小是读书人，是叶家的长辈，光字辈的人叫他叔叔。后因天灾人祸家境败落，叶孝春去了安徽立煌县金家寨，靠帮人管账维持生计。

他有一儿一女。其子叶光裕留在叔叔叶孝栋家。叶家在曾油坊是小姓，很注意培养人才，叶光裕由族里的祠堂供养读书，叶孝春有时也带点钱回来。叶光裕读完小学后，因成绩优良被保送至商城师范（四年制）就读。毕业后在商城教了两年书，后因时局动乱无法继续教书，就去到安徽金寨，在家无事。叶孝春的女儿叶光荣，放在其妹妹家当童养媳。叶孝春与立煌县南溪乡下一名姓彭名素娥的妇人结婚，在立煌县金家寨开了一个杂货店，主要卖些锅铁之类的东西，生活还过得去。这些情况，在我离开大姐家之前，林小嫂不止一次地向我介绍过。我曾说过："这事我做不了主，我在大姐家，你得问问大姐，由她做主。"

我走后的第二天，林小嫂见到了我大姐，她人挺直的，心里搁不住话，喜欢打抱不平。她问大姐："小四姑到什么地方去了？"大姐说："不知道。"林小嫂又问："她为什么走了？连同你说一声都没有？"大姐说："不知道。"林小嫂接着说："你真的不知道吗？你们这样做，对得起你死去的爹娘吗？"大姐说："你又不是不知道我家那个疯子的脾气。""但是你应该保护你妹妹呀。"大姐说："保护不了，我怕他真把小四卖了，那怎么办呢？"林小嫂说："你怕他，我不怕他。现在我们要想办法救小四姑，给她说婆家。"大姐说："这么急到哪里说去，说了也得我家疯子同意。"

林小嫂把给我说婆家的事一一告诉了大姐。还未等大姐同意，林小嫂的丈夫已通知叶光裕来到了曾油坊。

叶光裕来了，但我不在。林小嫂催大姐去汤泉池把我找回来。大姐来到六哥家，没有说明真相，只是骗六哥说："立煌县双河冯家二姐家来了人，接小四去立煌他们家。"我也当真，心中暗喜，二姐待我好，她知道了我目前的处境，肯定会帮我，我当然想去二姐家。

告别了六哥六嫂，就同大姐一道，来到大姐他们住的村子大塘坳。我没有去大姐家，而先到了林小嫂家。林小嫂向我说明了情况，我听了并不怎么高兴，我原先只是想去二姐家，去不成了，目前又无其他的路可走，只有同叶光裕见面。

我见他人长相清朗，身体还算健康，且是学生出身，家中人口不多，我想嫁过去后总不会受罪吧。再者，有了家也有了安身之处，不会再受欺负了。同时我也有不满意的地方，他比我大八岁，他继母太年轻，只比他大九岁，这么年轻，恐难相处。我想来想去，还是拿不定主意。要是能去二姐家，我就不答应此事。要是母亲在世，就更无此事。但我命该如此，人在屋檐下，哪能不低头？于是，我就答应了。

林小嫂说："叶光裕心满意足，他就是想找个读书的女孩子（那个时候能读书的女孩子少得可怜）。既然都同意了，你也没处上，就叫叶家选个吉日过去吧！"

叶家找个算命的，吉日选在一九四九年农历二月初三。

我和叶光裕在结婚之前，总共见了两次面，都是别人在场，讲些啥我都记不清了。我们私下没有说过一次话。大姐和叶家的长辈商议，就按算命先生选的二月初三结婚，从见面到结婚不到两个月。

凄惨出嫁

按传统习俗，女孩子出嫁要有点陪嫁的东西。母亲生前给我留下的一百块大洋，在当时是一笔可观的钱，是可以购置一些东西的。

我自个去到县城同三姐讲，与叶家的亲事已定下。三姐也没有多问，就陪我去找她公公与季三叔他们，要把母亲存放在他们两家的钱取出来。但他们只给了我一部分钱，不够的就用货抵，什么乱七八糟的袜子之类的东西。即便如此，也不够数。再给不出的钱，就搁在他们那里了。按理他们应该如数给我，让我自己安排用。但他们看我是没爹娘的小孩子好欺负，剩下的就不给了。

母亲把他们当可靠的人，不料人一死，茶就凉，可靠的人也不可靠了，我又能奈他们何？

拿到一部分钱之后，三姐陪我上街买了首饰、衣物和床上用品，然后我又回到了曾油坊。这次回来我先住在三姑家，据说女孩子出嫁要辞天地祖宗，得从家里走，不然的话，男家的轿子往哪里下呢？

我没有了父母，也没有亲生的兄嫂，但我亲伯父还健在。他住在他大儿子那里，侄女从伯父和堂兄家出嫁，也算名正言顺。又何况从他们家出嫁，他们也不吃亏，可以得到男家下过来的一份彩礼。还有就是我母亲去世时留下来的蚊帐被子等，都给他们家。二伯父和三嫂还不错，就答应了。

二月初二的傍晚，大姐把我从三姑家带到三哥家。这天晚上，叶家下了一大挑子彩礼，吃的有鸡、鱼、肉、面、馍、糕点、糖果，等等，穿的有结婚时的衣服，等等。这天晚上大姐没回去，在三哥家陪我。

按说，我的堂兄、嫂、姊、妹等亲戚也不少，可出嫁之前，没有一个来看我，也没有人给我送一点礼物，好像没有我这个亲戚一样。出嫁前三嫂家里冷冷清清，更凄凉的是二月初三一大早，叶家的轿子来了，我只得立马上轿去叶家。就在出门之前，三嫂突然提出，我不能从他们家堂屋里辞别天地祖宗后上轿出嫁，她要我从他们家牛棚里上轿出门。三嫂说我命不好，没有父母，从他们家正门出嫁，对他们家不利。其实这事他们之前与大姐讲过了，只是没有同我讲，大姐也瞒着我，还不是因为我好欺，没父母的苦孩子只有任人宰割了。

我无可奈何地捂着脸、流着泪，慢慢向三嫂家牛棚走去。牛在吃草，看见我过去，抬起了头，望着我和抬过来的轿子。轿子抬到牛棚门口，我踏上轿子，满脸是泪地被抬走了。

第二章 ▍喜忧交加的五十年代

媳妇难熬

一九四九年农历二月初三，我进了叶家的门，与叶光裕拜堂结为夫妻，那年我仅十六周岁。结婚时的新房，是他叔父叶孝栋家的一间破旧草房。结婚时婆婆也来了，婚后我们在这间破屋里住了好几天。

大概在二月中旬，我们和婆婆一起离开了曾油坊。经过了两三天的徒步行走，到了安徽省立煌县金家寨。婆婆把我们安排在他们老夫妇原来的卧室里，他们俩上楼去住了。

立煌县位于皖西边陲、大别山北麓。据史料记载，县境在五千年前就有人类活动。县境在尧时为皋陶封地，秦属九江郡。境内多险关要隘，历代有兵事，南北朝时常驻重兵。一九三二年九月，在国民党第四次“围剿”中，卫立煌部占领了金家寨，为加强对鄂豫皖边区的统治，国民政府重划湖北、河南和安徽三省交界部分地区，以司令官卫立煌的名字设县，称“立煌县”。一九四九年九月上旬，刘伯承、邓小平所部三纵八旅攻克立煌县城，更名为金寨县。金家寨依山傍河，风景优美，地势重要，在抗战时期曾一度作为国民党安徽省政府的临时所在地，建有飞机场，城内街市和商业区都较为繁华。

我丈夫在县城的房子是租的。楼上楼下两间房子，楼上一间，楼下一间。前半间开了店面，卖锅铁等杂货，后半间是卧室，卧室后面拖着厨房。说是卧室，其实是过路道，去店堂经过它，去厨房也经过它。这还不算，上楼的梯子就设在床头边，人来人往，是个无遮无拦的卧室。

我和叶光裕的新房也极其简陋，连一床新被子都没有，也没有新床，一切都是旧的。这些我并不计较，心想有了家就有了安身之处，从此就一个心地扑在这个家上。每天早起做饭，包洗全家人的衣服，除此之外，还要为店里的挑夫做饭。

叶家生意不大，但人客不断，一天到晚烧了这顿烧那顿，没完没了，累得我腰酸背痛。丈夫叶光裕每天没有什么事，只是帮他父母看看生意，出去讨要账。大部分时间都是我在灶台上做饭做菜，他在灶台下添把火。我去河边洗衣服，他帮送。等我洗完了，他再提回来。互相友爱倒也不错。别看他是家里的独子，手中无分文，在父母面前无地位，当不了一分钱的家。

婆婆年纪不算大，才三十多岁，可挺会享福，也挺厉害。记得我刚到他们家的第二天，就洗了一大筐衣服。邻里们都说："叶太太，你也真是有点啥，人家新媳妇刚到你们家，也不让人家歇歇，就洗这么多的衣服？"她听后说："三天孩儿娘惯始，三天媳妇婆惯始，我才不惯着她，开始不叫她洗，以后她就不洗了。"别人听了直笑，我听了心里很难受，不由想起母亲活着的情景，偷着流眼泪。那时女孩子到了婆家，无论多大年纪，人家都是当大人使唤。我整天只能在家里做事，不能外出和别人玩一会儿，或者说上两句话。如果婆婆发现，回来了马上就要给我脸色看。

我好像是一只活泼的小鸟，被关在了笼子里，失去了自由，我苦恼极了。我向往有个家，没想到家竟是这样的，我失望极了，今后怎么办？我产生了自杀的念头，我用刀刮下了竹青，又找来了红火柴头，据说这两样东西在一起化水喝，可以致死。我包了一包放在枕头下面。

有一次丈夫去外地要账回来，给我买了两双白袜子，他当着婆婆的面递给我，我没敢收下，转手递给了婆婆。婆婆真的收下了，连一双都没有给我。我又一次了解了婆婆，不但厉害，还吝啬。又过了几天，不知为什么丈夫又惹恼了她，她拿起棍子就打我丈夫。都是二十四岁结过婚的男人，还要挨打，他当然很气愤，我也难过。晚上，我们俩抱头痛哭，我才把想自杀的念头告诉了他，我们商议着逃跑，但手中又无分文，能去哪里呢？

一九四九年秋天，立煌县解放了，改名为金寨县。人民政府成立了，为人民办好事，冬天里到处办冬学、办民校，教人民识字，扫除文盲。这时，街道的干部知道我是学生出身，就动员我出来教人民识字，当民办教师。我说："这事得同婆婆讲，她不同意，我不敢出去。"当街道干部问婆婆时，她却说："我娶媳妇为享福，家里的事都做不完，哪能去外边做事？我不同意。"她不同意，我就不能出去了。

一九五〇年春天，地方政府的干部再次来到我们家，动员我们出来，我非常想出去，就向婆婆保证，每天外出不耽误家里的事，但任我怎么说，她就是不同意我出去，把我管得死死的。

第二块伤疤

一九五〇年初冬，我要临产了，婆婆找来接生婆，时候还不到，接生婆就催我坐在地上的小板凳上用力生。我累了，痛得满头大汗，还是生不下来。我痛得坚持不住了，婆婆又叫我丈夫去找道士画符来催。我喝下了道士的符水后，仍然生不下来。接生婆再次催我用力、用力、再用力。最终，孩子是生出来了，但由于用力过猛，我的下部里外都撕开了，各种痛苦又有谁知道呢？月子期间，流了一个多月的血和脓，每次小便像针扎一样地疼，一天到晚弯着腰走路，脸色苍白，疼极了哼一声，婆婆听见了，不高兴地说："这算啥，农村妇女生过孩子就下地干活，再疼也要干事。"

我忍受万般疼痛，不敢吱声。只怪我命不好，没有父母的孩子有谁来心疼呢？后来，我要丈夫看看，阴道内为什么这么疼，连路都不敢走。他用手电筒一看，才发现阴道内有一条几公分长的口子没长好，红肿红肿的，还有血和脓。想想我真是命大，放在别人身上，可能感染发炎，性命都不保。

工作以后，去妇产科检查，医生告诉我，我的子宫内部撕破了，会阴内外撕裂得不成样子，当年是非常危险的。妇产科医生当时给我做了一些修补的小手术，可阴道与肛门之间撕开的口子至今都无法补，现在经常一累了，息肉就掉下来一块。

就这样，我带着从未医治过的伤口，满了月还和从前一样，早起为大家做饭，洗衣等家务事仍是落在我身上。自己还是个孩子，还得管孩子。婆婆从来不管，我早起做事，把孩子放在床上，任孩子哭闹都没有人理会，我只能等把他们大人全服侍好了，才能去照料孩子。

我一天到晚疲惫不堪，夜里还要起来数次，坐着喂孩子奶。睡在床上孩子吃不上奶，我也不会喂。还要给孩子换尿布，太累了，有时睡着了不知道醒，有时不知不觉地背对着孩子。

腊月的一天早晨，我照例像往常一样，把家里的事情全弄好了再回屋给孩子穿衣服。不料，因为晚上被子捂得紧，孩子已经没有气了，还不知道孩子是什么时候死的。当了妈妈，再年轻也知道爱孩子，我伤心地大哭大叫：“我要我的孩子！我要我的女儿！”

实现夙愿

母亲含辛茹苦地供我读书，其目的就是想等我长大了谋一份事，能自食其力，也好养活她。解放了，我真的谋到了一份事，当上了人民教师，实现了母亲和我的心愿，但她未能等到这一天。我心中既高兴又难过，要是母亲活着，能亲眼看见，那该多好啊！

金寨解放了，我也解放了。那时有文化的人奇缺，我和丈夫都上过学，是政府动员的重点对象。婆婆明确表示不同意我出去工作，政府工作人员便把重点放在了叶光裕的身上，一天来找好几趟，实在推不掉，老叶便到金寨小学当了代课教师。但是，没过几天，家里的人还是要他出去催账。学校里一个人顶一个班，他走了又没有人代课，一时也找不到合适的人来顶替，我就自告奋勇地说：“我去代课，保证不耽误家里的事情。”那时只是想出去工作，好摆脱眼前的生活环境，根本就没考虑什么报酬问题。刚开始的时候，说好了是义务教学，没有报酬。所以我起早贪黑，为了抢时间，走路都是小跑，把家里的事情全做好了再出去上课。

就这样，一九五〇年底，我在金寨小学当上了代课教师。大约过了三个月的样子，开始有了一点报酬。一个月一百斤大米，还有五万元金券（人民币旧币），也就是币改后的五元钱吧。

为了和家里搞好关系，我把代课所得的钱和米全部交给了婆婆。家里当时的生意还不错，不差钱，主要是缺人手。因而，我虽然交了钱，但做饭、洗衣服等家务事还得做，并且一点也不能少。丈夫回家后，政府仍然要他去学校教书，并且也不放我回来，这样我们两人都出来工作了。当时丈夫分到了在农村的古南小学，我分到在农村的古碑小学。

我把消息告诉了叶光裕，他很生气，大声地冲我嚷嚷：“我知道，你是想极力地摆脱我。”我吓了一大跳，说：“这又不是我能决定的，这是组织上决定的，谁敢不服从呢？”那时候，组织具有极高的威信，他也不敢再说什么了。在古碑小学工作不到一年，我就被调到县城的重点小学——金寨完小。

金寨完小部分老师和同学的合影

金寨完小坐落在金寨县政府对面，是县里最好的一所小学。这个学校规模较大，校舍整齐美观。四周是教室，中间围一个大院子。外面还有一个很大的操场，主要供学生上体育课和打篮球使用。

金寨完小全校将近两千多名学生，四十多个教师。师资水平很高，教师都是从全县挑来的，或者是从正规师范学校分配而来，文化水平都比我高。我能进这样的好学校，一方面是我的出身好，我是城市贫民，是个受过苦的孤儿、童养媳。用当时的话讲，是根正苗红。另一方面我的年龄也小，当时只有十九岁，对新事物接受能力强，口头表达能力也比较好。我工作热情高、干劲大，组织上处处培养我。在这样好的环境里工作，我是如鱼得水，十分高兴。就像蜜蜂飞进了百花园，尽力吸吮花汁，如饥似渴地学习文化，学习业务，发奋图强，积极向上。

来到这个学校，不久我就转为公办教师。当时民办教师的数量非常大，占全县教师总数的三分之二还要多，公办教师人数不到三分之一。在这个学校里工作了三年，我结识了许多同事和朋友，如常元英、李维淑老师等，那时都在金寨完小工作。我们经常在一起交流教学心得，结下了深厚的友谊，李维淑还成了我的入团介绍人。

一九五一年春，我又一次受到党和政府的重视，被指定为金寨县妇女代表。当时教育界只有三名代表，我、麻埠镇的季绍兰老师，还有在燕子河工作的一位女老师。我们作为教育界的女代表，参加县委召开的金寨县第一届妇女代表大会。会上，金寨县委、县政府、县妇联等领导和来自全县各条战线上先进的妇女代表欢聚一堂，共商开展全县妇女工作的大事。一个从旧社会过来的处处受欺负的孤儿、童养媳，一跃成为新社会的主人，享受着当家做主的殊荣，一种由衷的感动、感激和感谢在心中油然而生。我暗暗下决心：要更好地工作，把组织上交给我的各项工作都做好，来回报党和政府对我的培养和信任。

金寨完小是县直属单位，各种组织健全，金寨县直机关党总支、团总支都在金寨完小开展工作。不久，我就加入了中国新民主主义青年团，成为一名光荣的青年团员。在团组织的培养教育下，我进步很快。金寨完小成立团支部，我担任了团支部书记和学校少先队大队辅导员。我努力认真地做好教学工作、团的工作和少先队的工作，组织上对我的工作非常肯定。一九五二年秋季，县直机关团总支改选时，我被选为县直团总支委员。

那一届的金寨县直团总支共有九人。书记是县委组织部的干部姜师信同志，委员有县委组织部的干部汪显福同志、县委宣传部的干部王立炳同志等。团总支定期开会，研究总结县直各单位的团组织工作情况，根据中心工作，不停地布置新任务和检查总结团的工作。

二十世纪五十年代的年轻人，思想单纯，只是想着搞好工作，生怕工作做不好，被别人瞧不起。那个时期的年轻人，胆子很小，还怕犯错误。大家在一起，只谈工作，很少有个人的交往。

金寨县直团总支委员来自县直各个机关，他们都是各部门的优秀干部，有文化、有水平，和他们在一起工作，我学到了很多东西。汪显福、王立炳等同志在以后的年代里，曾先后担任了金寨县委、县政府机关的重要领导职务。

20 世纪 50 年代证件照

一九五二年冬天，六安地区举办教师政治思想骨干训练班。金寨县有四十多人参加，女同志就我一人。学习结束后，学员分别到农村中心小学去做宣传，主要是宣传党的方针政策，我被分到了东岳辅导区做宣传。

一九五三年秋，我参加了金寨县委主办的县直各单位整建党学习班。结束时我被评为基本党员（按党章逐条对照），并作为党的发展培养对象。新中国成立初期，人们非常渴望入党，但加入党组织又是非常不容易的事。我当时下决心向组织靠拢，争取早日加入中国共产党。但没有想到，这一愿望竟在三十多年后才得以实现。

喜从天降

第一个孩子意外死亡，一家人都很难过，作为年轻母亲的我，更是悲伤不已。一九五〇年冬，我因没有孩子缠身而参加了工作。工作了好几年也没有怀孕，家里人都很着急，盼着我再生一个孩子。

一九五三年，我又怀孕了。一九五四年农历五月八日，我生下了大儿子叶鹏。这个日子，我记得特别清楚，是在端午节后的第三天。我读小学的时候，曾学过一首《夏日即事》的歌曲：

青杏儿才黄，小鸭儿成双，雏燕语雕梁
红石榴花满西窗，黄蜀葵叶扫东墙
泥金团扇影，香玉紫纱囊
将，佳节遇端阳

这首优美的小曲，让传统佳节端午在我心中的印象特别美好。如今，我大儿子的生日和端午佳节前后相连，我当然很高兴了。

大儿子是长孙，全家人高兴极了，给他起了个乳名：大宝。婆婆特别喜爱，找人给他算了命，说是这孩子“八字”好。命带了三个“午”。那年是马年，是午；五月，有午；又是午时。“男孩要午，将来一定跨父过祖”，虽然知道这只是吉利话，但大家都高兴，愿意相信。

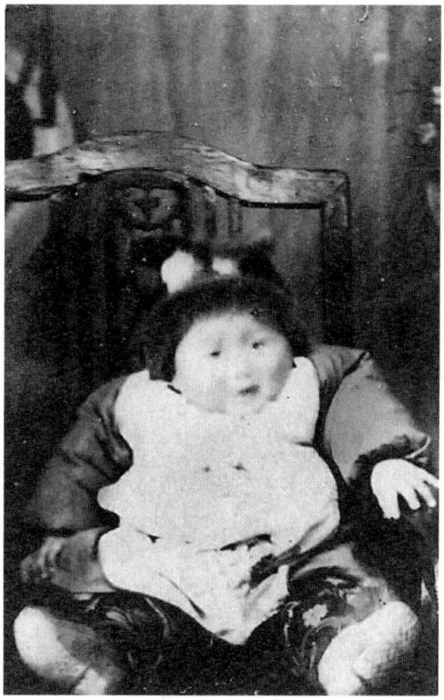

大儿子叶鹏不到1周岁照片

当时我二十二岁，虽然年轻，但知道疼爱孩子。因为有工作，生活能独立，坐月子就不用再做家务了。这是第二个孩子，不能再出意外了。我不顾一切地疼爱孩子，吃奶我坐着喂，孩子一哭我就抱起来，有时一抱就是一夜或是半天。我舍不得让他哭，也舍不得让他饿。这个孩子特别折磨我，吃奶时狠狠地咬，乳头很快就肿了、破了。为了不让他饿，我咬紧牙关让他吸奶。有段时间，他每吃一顿奶，乳头都鲜血直流，像刀扎似的疼得我流眼泪。乳头化脓了，不能接触衣服，我只好用手撑住衣服，走路时需要躬着腰才行。夜里带着他睡觉，因乳头疼得很，只能坐着慢慢喂，每喂一次需一个多小时。孩子小，吃奶勤，不分白天黑夜，所以我经常不睡觉地抱着他。

越是金贵孩子，孩子越是爱生病。一到三岁这段时间，这孩子几乎是三天两头病。只要他病了，我就整夜整夜地坐着看着他。他的病主要是扁桃体发炎，一病就发烧，要打消炎针，要吃退烧药。医生嘱咐，退烧药要定时吃。那时家里也没有手表和闹钟，我只能白天以三顿饭为准，夜里坐着等鸡叫，鸡叫头遍就给他吃药。只有等到他烧退了，我的脸上才会露出笑容。

那时我们夫妻分居两地，工作十分繁忙，工资也很低。为了不影响工作，又能精心照顾孩子，我五十六天产假满后，就一直专门请人照看他。起初是我二姐带着不到两岁的孩子来我这里帮忙。说来心寒，二姐在伺候我坐月子期间，她的第二个儿子去水塘里洗菜，竟失足落水淹死了。为这件事，我记了二姐一辈子的情。她前后帮忙近半年，后来，她家实在离不开，就回去了。

二姐来帮我的时候，我也想办法让她有所收益。那时学校吃食堂，包伙食。我和她还有她的孩子国平都在食堂吃，她不用做饭，就有些空余时间。学校有些单身男教师不愿洗衣服，我就给她揽了帮四个老师洗衣服的活，洗一个人的衣服，每个月是一块钱。一个月下来，可以收益四元钱。

二姐的孩子国平虽然已三岁了，可还在断断续续地吃奶。二姐不想喂他了，但还有些奶水。正好附近有个熟人，孩子缺奶，想找人每天喂一次。我就和他说好，二姐也同意了。每天那家把孩子抱来，二姐给他的孩子喂一次奶，每个月收入三元钱。这样她每月有七元钱的收入，这在当时已属不低。

一九五四年，刚刚实行工资制，工资低，每月只有二十四元钱。那时物价也低，一个鸡蛋只要几分钱。我和二姐在学校包伙食，每人每月交九元钱，国平是小孩，每月交三元。叶光裕的工资每月也是二十四元，他给我十元。每月除去伙食费，我只剩十三元，用作孩子的抚养费和家庭其他开支。

从金寨到梅山

大宝出生的时候，我国掀起了第一个五年计划的建设高潮。为了根治淮河，国家在淮河的支流——史河的上游修建了梅山水库。梅山水库是国家第一个五年计划的重点工程项目，是当时世界第一高坝，请来了苏联和捷克的专家指导修建。

金寨县金家寨正好地处在水库淹没区内。当时金寨县同时还修了另一个大水库——响洪甸水库，也是第一个五年计划的国家重点工程项目。两座水库同时开建，淹没了金寨县的十万亩良田、十四万亩经济林和三大经济重镇（金家寨、流波、麻埠），十万群众移居深山。于是，一九五四年，县城从金家寨搬迁到现在的位置——梅山镇。

县城搬迁了，老县城的居民却不一定都能搬去新县城。有的被疏散到了附近，有的则迁进了大山的深处，能去新县城的只是幸运的一部分人。我工作的金寨完小搬去了梅山镇，跟着走的是学校领导和一部分县直机关干部的家属。我因当时生孩子，就留在了学校，留在学校的老师，一起都到了离老县城二十多里地外的乡镇上的古碑小学。

我在古碑小学教了不到一个学期的课。一天，县教育科（以后改称教育局）领导来学校检查工作。来的人是教育科科长张宇善，过去在老金寨县城，我和他只是认识，没想到他看见我，第一句就问："詹远英，你怎么在这里工作？"我向他说明了原因，他点点头，什么也没说，就忙其他的事情去了。我也没当回事，依然在古碑小学教课。没想到接下去的那个暑假期间，调令就下来了。一九五五年秋，我被调到了梅山水库职工子弟学校任教。梅山水库职工子弟学校就是从老县城搬迁下来的金寨完小，只不过校长换了，新校长是我以后多年的老领导郑长平。从老县城搬迁来后，金寨完小虽改了名字，其实还是县直重点小学的架子。

学校服务国家重点工程项目，接受县教育科和水库宣教科的双重领导。国家重点工程保障资金充分，职工子弟小学师资等条件比原金寨完小还要好。只不过当时搬迁下来，校舍来不及盖，无论课堂还是宿舍都是临时搭的茅草房，用稀泥抹在篱笆上做墙。县城同时在建两所小学，都是机建砖瓦结构。

整个金寨新县城的布局，据说也是苏联专家设计的。县城城区沿水库大坝截流的史河岸边建造，县城被青山环绕，清澈见底的河水静静穿城流过，一排排整齐的新式青砖红瓦的楼房，掩映在刚栽种的法国梧桐树下，街道洁净如洗，小城幽静雅致，很是美丽动人。很多年后，有次去浙江新安江的千岛湖旅游，发现其所在地淳安县城，居然和梅山县城的布局几乎完全一样。经打听才知道，新安江水库及淳安县城的设计和建设，是完全按照梅山水库及梅山县城的修建方案进行的。

我当时作为骨干教师调进了新县城。这样，我和原来的老同事常元英和李维淑又在一起工作了，我非常高兴。更为巧的是，我又遇到了钟读绪同志。在金寨完小生完大儿子刚满月上班的时候，钟读绪从六安师范分来了。那时学校吃包伙，四个人一桌。我、我二姐、钟读绪，还有朱绵英老师一桌，天天在一起吃饭。学校搬迁时，他是第一批来梅山水库职工子弟小学的，这次我们再次成为同事，他担任了学校少先队大队辅导员。钟读绪很喜欢我的孩子，经常抱他。多年以后，他见着我的大孩子，就开玩笑地说："大宝有多大，我的工龄就有多长。"

1956年7月在梅山水库职工子弟学校合影。前排左一是钟读绪、左二是我、右一是江焕群，后排右三是郑长平、右五是闫杰

大宝会走路了，更需要人照看他。我没有办法，只好将他送到单位附近的工棚里，找一名工人家属带他。一九五五年，水库正在紧张施工，到处尘土飞扬，污染严重。偏偏这个年轻的家属喜欢抱着孩子到处跑，不久，不到两岁的孩子肺部感染了。

大宝天天低烧不退，面黄肌瘦，头发全都竖起来了，病情十分严重，我急得四处求医。经人指点，我找到了水库医院小儿科的专家董大夫，此人医术高明，医德高尚，经他三个月的治疗，大宝的病痊愈了，我们全家都十分高兴。

大宝三岁时，又患上了大便带血的毛病，什么药都吃了，就是不见效。后来病情越发严重，整个大便全是暗红色。那时，梅山水库已经完工，水库医院也迁走了，那位高明的董大夫也联系不上了，我焦急万分。那段时间，我老是抱着孩子去医院看病。

一天，金寨县医院的一位医生说，现在来了一种药，我觉得可以治你孩子的病，但是药很贵，每粒两元钱。那时我和丈夫两人的工资每月只有二十六元，扣除生活费、保姆费，所剩无几。但为了给孩子看病，再贵我也不嫌贵。我说，你开吧。医生开了三天，每天两粒。虽然很贵，但是很见效，也很神奇，孩子只吃了三天，病全好了。

说实话，那时只有一个孩子，大宝在三岁前营养还是不错的。断奶之后，每天都喝些多维葡萄糖，鸡蛋、瘦肉、水果也没有断过，家里也一直有亲戚或保姆照看。三岁时，我就把他送到梅山幼儿园上学去了。

在梅山水库职工子弟学校，我要求上进的心依然很强烈，无论是教学还是班级管理都比较出色。这里的领导很快就重视我了，在政治上培养我，在教学上重用我，学校党支部安排我听党课。一九五五年秋，我到梅山水库职工子弟学校不久，就向党组织递交了第一份入党申请书。

种下病根

一九五五年，国家召开了全国文字改革会议，“国语”改称为“普通话”，国家以法律形式给普通话下了定义：是以北方话为基础方言，以北京语音为标准音的汉民族共同语。一九五六年，政府公布了《汉字简化方案》，汉字拼音改革和普通话教学掀起了高潮。小学教学，尤其是低年级语文教学，就成了这次改革的基础和工作的重中之重。

这年暑期，县教育局抽调了部分能力强的语文教师，在金寨中学当时的所在地麻埠镇，举办了推广汉语拼音和普通话教学培训班，我被抽调来参加培训。任务很明确：学习汉语拼音。通过学习和培训，回到区乡当骨干辅导员，再去辅导别人。在此之前，教学用的是汉语注音符号。在这里，我又遇到了我的朋友王忠俞，她在这里当老师，我做学员。我和他丈夫陆端贵曾是梅山水库职工子弟学校的同事，过去就认识，通过这次培训，我和王忠俞建立了友谊，并维系了一生。

其时正值盛夏，暴雨连连。金寨中学在麻埠还没搬迁，我们住的是教室，将砖头垒起来做床腿，床面是小竹棍挤在一起的平板。当时水库还没修好，麻埠洪水泛滥，学校和教室都进了水，水离床面已经很近了。洪水一时退不下去，我们几乎睡在水面上。

学员大部分都生病了，我的体质本来就差，这次病得更严重，每天咳嗽不止，并且一时还不见好转。我一边看病吃药打针，一边坚持学习。但由于环境太差，学习非常紧张，我休息不好，咳嗽制止不住，就留下了气管炎的病根，几十年拖下来，拖成了老年慢性支气管炎和肺气肿。

我虽带病学习，但学习成绩却不差，结束时被评为“优秀学员”。我熟练地掌握了汉语拼音字母的教学和应用，普通话也学得流利标准。回到学校后，当起了推广普及汉语拼音和普通话教学的辅导老师，辅导来自其他乡镇的老师。

入党前的突变

我三岁丧父、十六岁丧母，成了孤儿，漂泊无着，无奈早婚。婚后丈夫老实，婆婆当家。要生存要自由，路只有靠自己走。但是，在那暗无天日的旧社会，哪有我这个弱女子走的路呢？我做梦也想不到，新中国诞生后，我的生活突然发生了翻天覆地的变化：参加了工作，生活有了保障，成了学校骨干，受培养受重用，成为文教界的妇女代表。我的这一切，都是中国共产党带来的。所以从参加工作那天起，我就认定了，要加入这个改变我命运的组织。

当时党组织发展把关严格，特别是在教育部门要求更严，好多年基本不发展。直到一九五六年，我的入党申请才得到党组织的批准。理想的实现使我欣喜若狂。我所在的支部，接到上级党委的批复，准备开支部大会，宣布我和另外两个人成为预备党员。

那是一九五六年十一月的一天，天气如同我的心情，晴朗灿烂。县直机关全体党员都坐在会议室里，等着开支部大会。会议的第二项议程，就是由组织委员老徐同志宣布中共金寨县委组织部的批复文件，批准三个新党员入党。

会议进入第二项议程后，老徐正在宣读文件，批复的预备党员名字还没念出口，一个瘦小个子的男青年突然出现在会议室，对着老徐小声地说了几句就退出了会议室。老徐迟疑了一下，继续宣布名单，但是，原定的预备党员由三个变成了两个。会议室的气氛立即紧张了起来，大家都很惊奇，有人小声地议论：说好的是三个，为什么少宣布一个？老徐看了看大家，一脸严肃，声音低沉："詹远英有历史问题，向组织隐瞒了，所以不能宣布。"

这真是晴天霹雳，五雷轰顶，顿时我不能自已，差一点晕倒在会议室里，我一点都没有想到会出现这样的情况。也许我当年太年轻了，那时，领导对新中国成立前学历在初中及以上的人，曾进行过单独谈话，要求交代是否参加过三青团什么的。我只上过一年多的初中，并且因为母亲有病，最后半年是三天打鱼，两天晒网。母亲病逝后，我随即就退学了。学校的事情根本不清楚，只好去问当时的一位女同学。刚解放时，我上过的那个班正好面临毕业，这批同学全部被共产党接收过去了，他们都在政府机关里参加了工作，如今成了离休老干部。

我们当年在学校都是普通的学生，只知道上学。这位女同学给我回了信，说她也不知道这些事情，只是听别人说，好像在学校门口挂过三青团的牌子。当年的政治形势严峻，没有人敢说假话，即便是这样的一封信，我也不敢隐瞒，把它交给了组织。表明自己不知道情况，请组织上去调查。事后我才知道，金寨县的党组织并没有去河南商城县调查，尽管两个县紧紧相邻，两个县城只相隔百多里地。由于当时的极左思潮影响，对于所谓的历史问题，那个基层组织是宁可信其有，不愿信其无，凭着我自己交上去的含糊不清的信，便认定我有历史问题，并且之前没有向组织汇报。

现在看来，一点都说不通的事情，由于当年的政治压力，还是压在了我的身上。向谁说理去？从此，我悲观，我痛苦。在这个问题上，丈夫还是比较理解的，他经常安慰我："想开些，世上不平之事多着呢，不入党也照样工作和生活。"丈夫的安慰使我心里稍微好受一点。但是把没有的事情硬说成有，安在我头上，我心里是一直想要澄清的。虽然在这个问题上，组织上冤枉了我，但把我这个孤儿救出来，培养我、重用我也是事实。我相信，党的政策是不允许冤枉人的，总有一天会澄清事实，蒙冤受害者总会有出头之日。

于是，我坚强地生活着，不埋怨组织，不灰心丧气，继续搞好教学，用上好每一堂课来排解心中的痛苦。在此期间，我依然坚持请组织去商城县调查此事，渴望着党组织能尽早澄清我的历史问题。

出生在动荡年代

大儿子三岁了，第二个孩子又要出生了。二十世纪五十年代的山区县城是没有计划生育观念的。国家当时还鼓励生育，因而，即便是参加工作了，女同志还是连续不断地生孩子。

我吸取第一个孩子产前休息时间过长的教训，在第二个孩子生产前，我一天假也没有请，直到临产的那天上午，我还在给学生上课。中午放学后，送完路队回到家里，我有临产的感觉了，下午才开始给学校递请假条。下午，我没有去学校，也没有去医院，就在自己的家中，请来了街道居委会里的一名接生员，她给我做了产前检查，一切都很正常，我也没有感到多大的痛苦。可能是心理作用，那时正在宣传苏联所推行的“无痛分娩法”，也就是不把生孩子看成是多大多严重的事情，用精神鼓励战胜痛苦。这办法还真灵，当肚子痛时，我咬咬牙，忍一忍也就过去了。

那天下午，也就是农历八月二十日（公历一九五七年十月二日），正值金秋时节，天高云淡，秋风送爽，正当夕阳西下的时候，一个可爱活泼的男婴顺利地出世了。

1959 年我和大儿子、二儿子

1959 年叶鹏与叶鸣

那年正值农历闰八月。按民间说法，闰八月不好，要有大的事情发生。孩子刚出世的第二天，国家的形势就变了，“整风运动”开始了。我们县直各单位，就是在二儿子出世的第二天，开始了“大鸣大放”。

上级要求每个工作人员都要写大字报，向党提意见。我是产妇，在家坐月子，不能上班，不能参加运动，无法提意见。但我每天听广播，也知道一些情况。我就给儿子起了个名字：叶鸣。一来他出世就开始了全国性的“大鸣大放”，也算作纪念。二来“鸣”字象征能说会道，聪明能干。古代有个典故，叫作“不鸣则已，一鸣惊人”。三来我要给儿子取个与鸟有关的名字，天高任鸟飞，将来孩子长大后，希望他能展翅高飞。

五十六天的产假很快就结束了。月子里由于营养跟不上，我腰疼得不能走路。孩子有一个多月了，小小的嘴巴十分可爱，睡熟了全身像一团棉花似的柔软。我也十分疼爱他，月子里很少让他哭，一哭就抱起来喂。

产假一到，无论有什么特殊情况，都得去上班。那时，我与丈夫仍是两地上班。两个孩子和全部家务也都是我自己料理。我二姐带着八个月的女儿来我家，服侍我坐月子。二姐在我家坚持了一个月，我的孩子满月了，她也要回去了。我要工作、要学习、要照顾孩子。同时，学习是要外出的，一学就是半天。无奈，我只有托人帮我请保姆。

真是巧极了，孩子出生时，开始“大鸣大放”。我产假期满上班时，开始转入反右派斗争。气氛变得十分紧张，我感到很突然，也很茫然。五十六天的“鸣放”我没有参加，对运动我很不理解。平时很要好的同志，一下子变得非常陌生了。被划为“右派”的同志，要视他为敌人，与他展开面对面的斗争。谁也不准请假，每天下午都开揭发会、辩论会、斗争会。

说实话，当时我的心情十分害怕，因为会上所批判斗争“右派”的一些言论，大都是大实话，我也曾说过，不过“鸣放”时我没有参加罢了。我担心运动要继续深入，恐怕“右派”就太多了，没准我也成了“右派”。要是那样，我的两个幼小的孩子怎么办呢？跟谁呢？这是我经常考虑的问题，因此我特别小心翼翼。每天下午和晚上都要风雨无阻地参加学习，从不早退和迟到。

穷帮穷

为了工作和参加政治运动，我只有忍痛割爱，将不到两个月的孩子丢给保姆。我给孩子买了炼乳，下午、晚上我不在时，让保姆冲给他喝。白天还好一些，但是每晚都要学到夜里十二点左右才结束，回来时孩子哭得可怜，两只眼睛红肿红肿的，肚脐子哭得震出来一截，有一寸多长，很长时间都收不进去。每每看见这样的情景我都心疼极了，顾不上自己的饥饿和疲倦，一把将孩子抱在怀里，将乳头插进他的嘴里。孩子尝到了甘甜的乳汁，很快就闭上眼睛入睡了。孩子睡着了，我来不及脱下棉衣，就直接倒下，睡在孩子身边。遇上没有奶水的时候，我只有抱着孩子在屋子里转，转到孩子困极睡着了，我才慢慢将孩子放下。

入冬的夜是很长的，但对我来说，却是很短的。我十二点才回来，如遇孩子折腾，一般要到凌晨两点才能入睡，早上六点又要起床，每天只能睡四个小时。到了单位，上午要上半天的课，下午要学习半天，晚上还要学三四个小时，每天很晚才回家，等于把整个家都交给保姆了。保姆不耐烦，吵着不干了，要回家去。我清楚地知道，保姆是不能走的，她走了以后，我寸步难行。我苦苦地和她谈，留她帮我的忙。我给她加了工钱，并同意让她女儿每个星期来我们家吃两顿饭。

一九五七年秋是三年困难时期的开始，粮食原本就不够吃，哪里还能管别人呢？但为了留住保姆，也只好让她女儿来我这里，我少吃，让她女儿吃饱。这样才勉强留住了保姆。

形势越来越严峻，一九五七年冬天，全国性粮荒蔓延，城市的口粮标准又下降了。家里每天一顿干饭都保证不了，所以无法再管保姆女儿的饭了，保姆就走了。其实，按我们家的条件，是请不起人的。我的家，既没有住的房子，又没有多余的钱，但是为了带孩子，也为了我能正常地参加学习和工作，我又请来了第二个保姆。

一九五七年秋，县城成立了梅山一小和一小分部，后来一小分部又改名为金寨师范附小。第二个孩子满月后，我就被调到金寨师范附小。当时教学楼是新盖的土墙小黑瓦房，教师宿舍依然是用竹篱笆和泥糊墙的草房子。我住的是一间草房，大约十五平米。学校把这十五平米一分为二，前面做饭，后面住人。我要请人，必须在这间房子放两张床，我和保姆各带一个孩子睡觉。

二十世纪五十年代后期，我和叶光裕的工资都是三十七元。他每月最多只能给我十七元，他自己花二十元。我手上的这五十四元，既要负担我们母子三人的生活费用，还要负担保姆费以及丈夫、孩子们和我的一些额外开销。当时请保姆，管吃每月付九元，不管吃每月付十八元。这五十四元再怎么精打细算，也是入不敷出。

当时请第二个保姆，我确实用了心。这个保姆是我们学校校长郑长平的岳母，我们称她为“姥娘”。校长家有四个子女，生活也相当困难。为了请姥娘来，我主动提出把校长家的老四放到我们家里来由姥娘照看，让校长的爱人安心上班。这样等于姥娘在给我带孩子的同时，也照顾了他家的孩子。我的保姆费也没少给，实际上，我们是互相帮助，共渡难关。

我把老人当作自己的母亲看待，事事依她。她与我们同住在这间草房里，好在那时我们夫妻两地工作，丈夫除周六回来一次外，平时不回来。他回来了，姥娘就回家去住。大家相处得像一家人一样，互相体谅。就这样，还是不能解决郑校长家的困难。我又主动提出让姥娘回他们家，以他们家的事情为主，我的两个孩子带到他们家去照看。孩子去了一段时间后，我发现了一个问题。他们家住在山坡上，门口又窄又陡，两个孩子都小，一时照看不周，孩子就有危险。摔下来，轻则头破血流，重则就不堪设想了。于是我就把孩子领回来了。

历经周折，我又请来第三位保姆，也是一个老奶奶。她的小女儿是我的学生，她们娘俩在家也很困难，常常是食不供口，衣不遮身。那时粮食已经非常紧张了，自己都吃不饱，无法再让保姆在家里吃饭。好在她们家离我工作的学校很近，我和她们协商，保姆白天来，晚上回去住，她们单独起火，我每月付十八元保姆费。

我请保姆，都是穷帮穷，我的条件差，又不能不请人，只好尽量处处考虑别人的难处，相互将就，才能像俗话说的吃萝卜一样，剥一截，吃一截，将日子一天天地熬下去。

令人怀念的附小大教室

金寨师范当时是一所培养小学教师的中等专业技术学校，学生毕业后都是当小学老师，附属小学就是他们学习和实验的基地。在附小工作，有些班级和老师具有双重的任务，不但要教本校的小学生，还要给师范毕业生示范，让他们学会如何当老师，怎样教学生。因而在附小实习，要观摩一定数量的教学课，这是师范生走上讲台的必经之路。

指导师范生的见习或实习工作，不是一件容易的事情，指导者要有很好的教学能力、组织能力和语言表达能力，才能使见习实习生真正学到东西，为毕业后走上讲台打好基础。当时在金寨师范附小的老师中能胜任此项任务的并不多，这是因为对师范生实习的环境还有很多限制和要求。师范学校的见习或实习一般规定在一到三年级的年级段里进行。一方面，因为师范生的实习必须从一年级开始，这是规定。另一方面，每期的实习时间，从开始到结束大约在四周左右。这么长的时间，还有众多的实习人员，无疑要影响听课班级学生的学习。五六年级即将升入中学，不能长时间受影响。根据这些实际情况，一般的实习课只安排在一到三年级。

从参加工作到金寨师范附小，我已有六年的教龄。在这六年里，无论在哪个学校，我一直从事低年级的教学工作，针对一年级的教学尤其有经验。那时工作任务繁重，既教语文又教数学，也就是语算包班，还要带唱歌、体育等课，更重要的任务是要同时当班主任，一个星期二十五到二十六节课，可以说是堂堂到位，辛苦可想而知。幸亏当时我年轻，责任心强，拼劲也大，否则是坚持不下来的。就是这么重的教学任务，我也从不叫累，把班级管理得有条不紊。那时已经重视评比工作了，我教课的班级班风正、学风浓，是学校的先进班级，也是学校领导满意的班级。只要有人来参观或听课，学校领导首先想到的是我教课的班。师范生来实习，我的班自然是被首选作为实习点。我也总是乐意接受，从不推辞。我觉得我是个孤儿，能当老师，全靠党的培养，组织上的安排，我都乐意接受并努力干好。

在那些年里，我的教学能力有了很大提高。除了学校领导对我的培养重用外，我自己爱学习、肯钻研也是一个原因。那时，我一心想搞好课堂教学，对自己的要求非常严格。上课前，必须备好课。不仅要备课本，还要备学生，充分考虑学生的接受能力。不仅要准确无误地传授知识，还要结合课文的内容，对学生进行热爱党、热爱国家、热爱长辈和集体的教育。通过课堂教学的途径，在德、智、体、美的全面发展上，促进学生的成长和提高。因此，我从不上无准备之课，注重平时上好每一节课。只有上好每一节课，才能教好学生，提高学生的学习成绩。由于我平时认真备课，认真教课，认真批改作业，认真辅导差生，我教的班级学生成绩整齐，无论学校要我承担什么样的公开课，我总是得心应手：师生互动好，课堂气氛活跃，各教学环节联系自然，教学时间分配合理。

来听课的人总能露出满意的微笑，说出称赞的话语。每到这时，我都暗暗感激自己平时的努力。其实，当老师也如同当演员，一名演员在台上演得好，靠的是在台下的勤学苦练。人们常说：台上几分钟，台下十年功。老师上课也是艺术，要掌握好这门艺术，同样靠平时的勤学苦练。

我平时就非常注重在课堂上的语言表达，注重提问的设计，注重教学时间的安排分配，注重对学生情绪的掌控，尤其注重对学生突发情绪的处理，因而才能把一堂课教得跌宕起伏，热烈而又有秩序。我把平时的课当作有人来听的课上，每堂课上完了，我自己都要找时间认真地回忆，检查哪里还有不足之处，力争下一节就改进。这样不断地总结和改进，教学方法和成果都得到了提高。长期下来就习惯了，习惯了也就自然了。

一九五七年全民忙着反右派斗争，一九五八年是全民大炼钢铁，我还带着两个孩子，又碰到了历史冤案。即便面对如此艰苦的环境，我都没有放弃对课堂教学质量的追求。我有一个基本的想法，上课既不是给别人看的，也不应受任何形势或环境的干扰。上好每一堂课是教师的职责，既是对学生负责，更是对人民教师称号负责。到一九五九年，我的课堂教学水平已得到全县教育界领导、同行们的认可了。因此，每学期我承担的公开课任务特别多。

那时的一个教室，都是三间一般房屋的面积。为了让更多的人能听到我的课，附小校长郑长平、教导主任管见同决定，更换我教的班级教室。他们把学校的四间大会议室安排给我当教室，等于把过去的教室面积扩大了三分之一。平时，后面空空荡荡，一到有人听课，立即挤满了人。随着大教室的使用，听我的公开课也非常方便了。学校可以临时同我打个招呼，不管什么类型的课，也没有时间限制，哪怕上课前十分钟，我都乐意接受，从不推辞。

现在想起来，那四间大教室就是我生命中最重要的舞台，它使我在二十世纪五十年代的教学水平达到了一个高峰。它使我内心的痛苦得到了排解，它也给我带来了教学上的声誉，一直影响了二十多年，并没有随着我在二十世纪六十年代初调出县城而消失，以至于七十年代我从外省外县的农村再次调进金寨县城的小学时，梅山一小和四小都想要我。当时有人也想进一小，要和我比赛，镇党委书记张宏全当面反驳她："你和詹远英不能比，詹远英她是女同志中的尖子。"

悬案成冤案

我等啊等，等待组织上为我澄清事实，一直等了两年。直到一九五八年九月的一天，我刚下课，从教室里出来，迎面来了一个陌生人，我刚认定他是找我的，还没来得及和他打招呼，他先开口了，脸色很难看。

"你叫詹远英吗？"

"是。"

他便随手递给我一份材料。我有点莫名其妙，问："这是什么？"

他厉声说道："你自己看吧。"

我回到教室里，用颤抖的手打开材料，刚看了几个字，泪水便夺眶而出。我流着眼泪，一字一句地看完了关于我的历史结论：

> 詹远英，女，现年二十四岁，贫民成分，学生出身，一九五〇年参加革命工作，同年参加新民主主义青年团。该同志一九四七年五月在商城县中读书时，学校按学生花名册集体编入伪战地青年服务队，为一般队员。同年七月，经校长黄伯劲介绍填表集体参加三青团，为一般成员。以上两个反动组织，该同志参加工作以来，长期向组织隐瞒不作交代，必须指出这是对组织不老实的态度，本人必须向组织作书面检查。

对于这个结论，我是一头雾水，毫不知情，同时又痛苦难过至极。一九六九年，我下放回到河南商城，经我和当年的同学了解情况，才知道事情的大致来龙去脉。一九五八年，组织上派人去商城县调查我的历史及家庭情况。也不知是找到了谁，那个人告诉来调查的人：一九四七年，为了迎接某个国民党杨上将来商城，商城县中在学校门口挂了块牌子，上面写着“战地青年服务队”。又说“学校当时按学生名册都编入了这个组织”，“学校当时在毕业班发展三青团员，是校长介绍的”，“凡是在县中读书的学生都发展为三青团员，但绝大部分学生不知道此事”。又说商城县公安局档案里面有记载等模棱两可的话。

派去调查的人听到了这些似是而非的话，如获至宝，觉得查出了大问题，可以表明他对党的忠心。他以这些话来推断：我上了这个学校，就一定加入了这两个反动组织。我没有向组织上交代，就是隐瞒，是对党的不忠。没有任何依据，回来后就给我下了这个历史结论。

在以后动荡的岁月里，我更深刻地理解了什么叫“莫须有”。我，一个十三岁的女孩子，靠母亲纳鞋底上学，出身卑微，地位低下，有什么面子能惊动校长大人？在学校，从未近距离单独接近过他，连和校长说话的机会都没有，谈什么由他介绍？既然学校按学生名册编入，又有什么理由一定让学生知道？即便如此，一九四七年九月，我母亲重病在床，我已不去上学，这也算是我的问题吗？我统统不知情，也能算是我隐瞒吗？

以今天的眼光看，这份结论逻辑混乱，破绽百出。但在当时极左思潮的影响下，它却不可摇撼。从此，这个结论就成了对我不处分的处分、不判刑的判刑。我的预备党员资格虽未宣布取消，实际上已经取消了。还把我推到有历史问题的人的一边，受怀疑、受歧视。当时我还是一个二十四岁的青年，好端端的青春年华，便遭此重挫，怎能不使人痛心疾首？那时我如果不接受这份结论，可能就有被除名的危险。我考虑到饭碗和孩子等问题，只有忍辱负重、含着眼泪，暂时接受这个不实的结论。

从此，我就像电影《祝福》里的祥林嫂一样，对自己的境遇无休无止地唠叨。一有机会，便和领导及熟识的同事唠叨，提出申诉。但是，面对不可摇撼的组织结论，当时任何人也无能为力。熟悉的领导和同事除了报以同情之外，只能说些“相信组织”之类的话语安慰我。

我是个很执着的人，平时一有事情，不做好便不放下。这么大的石头，每天压在心上，我如何能够承受呢？痛定思痛之后，我只能用革命先烈的事迹来安慰自己，有多少志士仁人忍辱负重，捐躯疆场，生命都没有了，我受这点委屈又算什么呢？我只能把心思放在工作上，上好每一堂课，用实际行动证明自己：我是热爱党的，我知恩图报，我没有隐瞒什么。我坚信党是实事求是的，总有一天会搞清我的问题，我是清白无辜的。

与饥饿作斗争

经历过三年困难时期的人，看到今天的市场供应，只会说一句话：这才叫物质上极大的丰富。我以为就目前的生活水平来说，在我们金寨当地，相当多的家庭，可说是衣食无忧了。但是在二十世纪五十年代末期所发生的饥荒，年轻人会认为是天方夜谭。没经历过的人永远也无法想象，面对饥饿，人所产生的恐慌、害怕和心理扭曲变态的程度。

我的大儿子出生在一九五四年六月，全国粮食正实行统购统销。我从那时开始就感到供应的粮食不够吃。为了填饱肚子，我开始用副食品来替代。我不断地买豆腐渣、红薯和萝卜吃。那时这些副食品在市面上还能买得到，我的肚子还能填得饱。

一九五七年十月，第二个孩子出世，先是二姐带着八个月的女儿来照看他，后来一直是请保姆。丈夫在农村，粮食带不回来。我们母子三人的口粮，一直是四个以上的人在分吃。

一九五九年，进入粮食最紧张的时期，我们母子三人每月供应成品粮的标准是三十八斤。老大五岁，每月九斤；老二两岁，每月七斤；我每月二十二斤。我们母子三人，每天不到一斤半粮食。在第三个保姆到来之时，这点粮食得供四个人吃。

孩子正在长身体的时候，必须想法让他们吃饱。我要保姆每顿半斤米下锅，煮一锅稀饭。可光是这半斤米煮稀饭也是不够的，我就买米粉，打糊糊。为了使糊糊更黏稠些，我要保姆在煮稀饭和糊糊时，放一点碱。这是欺骗肚子的办法，吃下去当时有饱的感觉，两次小便以后，肚子里就什么东西也没有了，孩子还是饿得直哭。要是在饭里放上菜，就会好点，但是两个孩子都不愿吃菜，自己不能种菜，也买不到菜。

为了让孩子们多吃点，我只有少吃或不吃。饿了，常以盐水充饥。能买到豆腐渣的时候，我常以豆腐渣当饭。当时能吃到豆腐渣，也不是一件容易的事，要在天刚亮时，就到豆腐社排队。想买的人很多，并且有限制，排到了每人也只能买一斤，大部分的时间是白站队买不到。但为了让孩子多吃一点，白站队也要排。

每买一斤豆腐渣回来，我把它炒炒分三次吃，省下的饭让给孩子们吃。长期挨饿，使我患上了低血糖的毛病，一饿就冒虚汗，浑身发颤，手颤抖得拿不住东西，嘴也说不出话，两腿发软走不动路，必须立即喝糖水或找到食物填进肚子，才能逐渐缓过劲来。直到现在，我还有这个毛病，一到春天，就爱犯颤抖。

为了填饱肚子，我几乎做了一次贼：偷南瓜。学校低年级教研组在我的屋后种上了许多棵南瓜。这年秋天，南瓜也结了不少，但在最饥饿的时候，这些南瓜总是不翼而飞。一次我走进南瓜棚，发现瓜藤和野草丛中藏着一个大南瓜，可能是别人没发现它。我看了半天，舍不得离开。实在是饿极了，晚上夜深人静时，我走出房门，蹑手蹑脚地来到南瓜地旁，弓着身子，用颤抖的双手，摘下了那个不大不小的南瓜。当我抱着南瓜往回走的时候，双腿发软，手也抖得厉害，心里吓得怦怦直跳，简直走不好路了，好像有人在背后盯着我似的。脑子猛然一闪，那时有一个传闻，一个农村教师因饥饿不堪偷摘了生产队的几个玉米棒子，就被逮捕送去劳改，最后饿死在劳改队。我愣了一下，我不能走那个老师的路，我若去劳改，我的两个孩子怎么办？吃不饱，饿着难受，总比去劳改好。不管怎样，还是个老师，饿死不做贼。我又把那个南瓜放回了原地。

在饿肚子的时候，我也曾动过生产自救的念头。我住的房子旁边有一块空地，丈夫星期天回来，我同他商量，打算在这块地里种菜。刚好婆婆也想种菜，我们一家人就行动起来，把空地整成菜地，种上了菜。白天我不敢去菜地上肥，有时天不亮起来，到厕所掏点粪肥浇到菜地里。可没有不透风的墙，这件事还是让校长郑长平知道了，他不止一次地找我谈话，说我自私自利，是资产阶级思想，不准我种地。我把责任推到了婆婆的头上，说不是我种地，是婆婆种地。郑校长看制止不住我，就用组织来压我，说："你是共青团员，还带头搞自私，你要考虑你的团籍啊。"这下我没辙了，顶不住了，只有将种好了的菜地白白地交出来。孩子们看到地没有了，菜也没有了，都哭了起来。

那时候，越是饥饿，越是困难，越是搞"跃进"。早晨五点多一点起床，还要出操。每天上五节课，语文算术包班，外加唱歌，没有空余的时间。我还担任少先队大队辅导员和低年级语文组教研组长，工作是超负荷的。晚上还要大炼钢铁，烧小锅炉，或者进行政治学习，深夜才能回家。每天还吃不饱，还要带孩子，长期熬下去，人就顶不住了。

有一次，我在给学生上课，不知不觉，头发晕，眼发黑，心发慌，脸色苍白，一下子倒在课堂上。学生们乱成一团，有的学生还被吓哭了，有人跑去喊来了校长和教导主任。他们把我抬到一个老师的床上躺下，化了一碗糖水给我喝，我才慢慢地醒过来，原来是饿晕了。

一九五八年到一九五九年，我正好是二十四到二十五岁之间，两年下来，我面色饥黄，骨瘦如柴，竟然停经两年。那时丈夫在离县城附近四里地的农村学校老鸹窝教课。农村虽然有边边角角的土地，可以种点菜，但是一两油都不供应，也是吃不饱的。没油没肉还饿着，男人很快就得了浮肿病。每次回来，看见他黄肿的脸，拖着沉重的步子，我心疼极了。我们在城里的母子三人，每人每月供应二两油，共六两，我将油分给他一点，让他带到学校去吃。逢到商店卖辣椒油，我就抽空跑去站队买一两瓶给他。平时见不到油，荤菜更是别想。

虽然钱少，但人更重要。男人得了浮肿病，会死的。我打听到一家饭店不知从哪里弄来了猪肚子，烧熟了卖。我跑去站了两个小时的队，买到了一碗猪肚子，没舍得给孩子吃，我用搪瓷缸子装着，走了四里地，给他送去。等我回到家里，天已经黑了，保姆和两个孩子在等着我。为了给他治浮肿病，我不是买来几个米面馍，就是做一锅稠稠的米面糊糊，再放上一点救命的猪油，等他每周六回来吃。

现在想起来我都觉得奇怪，不知什么时候，我存放了一瓶猪油，不到一斤。可能是过去苦惯了，有点好的东西就舍不得一下子吃完，喜欢放起来慢慢吃。这瓶猪油放在装衣服的木箱里，可见收藏时是很珍贵的。因为放得很隐蔽，发现不了，我自己也忘了。那时没有衣柜，只有箱子。那年头很少能见油香，即便放在箱子里，老鼠也嗅到了，钻进箱子，咬了衣服，我这才发现。在饭都吃不饱的年月里，这瓶油成了我们的救命稻草。现在大家都会觉得陈年的猪油会变味，会坏掉。但是，当时在糊糊里放上一点点猪油，糊糊就变得那样香，那样的好吃，吃下去人的心里感觉特别满足。

这点救命的猪油，也是要等到丈夫周末回来再吃，我们一家人在一起吃，觉得特别有味。也不知是不是这瓶猪油的作用，丈夫的浮肿病慢慢地好些了。

观摩学习与县“先进教师”

一九五九年秋，为了提高农村山区小学的教学质量，金寨县教育局在全县范围内抽调一部分小学校长、教导主任和少量骨干教师，组成一个赴外地学习观摩访问团。这个团共有十八人，女教师只有两人，我和李承贵老师。李承贵老师当时在南溪的农村学校，是一个模范老师。能参加这个团，我心里很高兴，觉得虽然有人对我有偏见，认为我历史有问题，但教育系统的领导对我还是重视的，我的辛苦还是有价值的。

我们观摩访问了省内几个有名城市（合肥、芜湖、安庆等）的各地重点学校。直接看到和听到一流教师的现场教学，使我大开眼界，受益匪浅。对我小学低年级教学水平的提高，是一次巨大的推动。

二十世纪五十年代的边远山区，人们很少有机会外出，更不用说到省城了。从未出过远门的我来到合肥，感到一切都很新鲜，精神为之一振。合肥市教育局领导决定让我们团到合肥市长江路一小，听一年级李老师教授的语文课。

安徽省委、省政府就在合肥市长江路上，长江路可说是安徽省政治文化的中心地带。长江路一小是省重点小学，师资条件特别好。能到这里观摩教学，对我们来自革命老区的教师来说是很有益的。

我们一行人提前进入教室，坐在后面。虽然我的公开课在金寨较有名，但这里是省会，天外有天，人外有人，我只有初中一年级的文化程度，在这里，我只有当好学生的份。我聚精会神地注视着授课老师走入课堂后的一举一动，认认真真地听，仔仔细细地记。

李老师教的是新课，课题是《秋天》。上课铃声响了，李老师带着微笑，亲切和蔼地走进教室。师生问好后，李老师向学生发问："同学们，现在是什么季节？"学生们齐声回答"秋天"。学生们的回答声还在回荡，李老师就在黑板上板书"秋天"两个字。教学自然展开。首先教字，"秋"的音、形、义同步进行，书写放在最后。我对书写的教学印象尤深。学生对字的书写规则、笔顺、笔画的运用非常熟练。李老师手拿教鞭往上一抬，学生们个个举起右手，伸出食指，在教鞭的指引下，齐声读出“秋”字的笔顺和笔画，然后，“刷”的一声放下小手，读出字音和字义，“秋天的秋”。

整个教学过程中，课堂气氛十分活跃，导入新课的方式自然新颖，各个环节紧凑连贯，无一点拖拉空场。老师教得灵活生动，学生学得活泼主动。师生互动情绪热烈，呼应及时。至今我仍然记忆犹新。

我本身就重视公开课教学，听了李老师的课，更是觉得很解渴。当时就不由自主地与自己的教学进行对照，看哪些是我也做了的，哪些是我还没想到的。我下决心，要把这些好的经验带回去，结合自己的实际，不断研究和改进教学方法，把教学水平提高一个层次。

观摩学习大大地开阔了我的眼界，各个学校、教师的经验，使我大受启发，提高了我的思想认识和业务能力。回金寨后，我根据观摩学习的心得，结合自己的实际，对公开教学课作了改进。开始承担各种类型的公开教学课，范围扩大了，也更熟练了。省里、县里和各兄弟学校的领导和老师们都给予我的公开课很好的评价，教学成绩也比较显著。

一九六〇年我被评为县级“先进教师”，出席县委和县政府召开的文教战线群英大会，获得了奖章和奖品。

第三章 ▎风云变幻的六十年代

不舍二子

一晃到了六十年代初，二儿子已有三周岁了，但还需要人照料，这时家中已请不起人了。实在没有办法，我想到了我二姐，她住在离县城八十多里的农村双河区培心堂村。二姐夫因地主成分被送去劳改，于一九六〇年死在外地的劳改队里。姐姐带着四个孩子在乡下种地。尽管二姐家成分不好，但我们是姐妹，她是我唯一能依靠的亲人。二姐是典型的中国妇女，勤劳善良，并且一直尽力帮我。在取得她的同意后，我决定把二子暂时送到她那里过几个月。

一个星期日的早晨，我带了点换洗衣服、食品和用具，抱起二子就往码头走去。那时从县城到双河还没通车，翻山越岭有上百里地，最近的路是从水库坐船走五十里地，下了船后再步行三十多里地，才能到二姐那里。那时年荒，孩子也轻，我也瘦。我挎着东西，抱着孩子，一个人步行三十多里，把孩子抱到了二姐家。

因为要赶回去上课，我无法等孩子和他二姨、表哥、表姐混熟，必须于次日凌晨四点起床往回赶，晚了就赶不上当天的船。二姐给我弄了点吃的，吃完后我到熟睡的孩子身边，吻了吻他的小脸，顿时泪如泉涌。我含泪走出了二姐的家门，低头行路，小声地自言自语："二子，妈妈是没有办法才把你送到二姨家的，没有等你醒来妈妈就离开了，这也是没有办法的事情。还有好几十个孩子在等着妈妈上课，妈妈只有委屈你了，你醒来一定会找妈妈，一定会伤心的……”想到这里，我大声哭了出来。

我扭头转身就往回走，我想回去抱上我的小二子，再同他多待一天，让他适应新的环境再走。没走几步，我又停了下来，我只请了一天假，必须回学校才行。回去坐船及步行需要大半天，到县城也是下午四点以后了，我要是折回去，几十个孩子就要落一天课，只有忍痛割爱，让二子哭着去寻找妈妈吧。迟疑了一会儿后，我就调头回县城了。我独自在路上行走，感到异常寂寞、孤独。人在路上，心在爱子身上，这种牵挂的痛苦，也只有做母亲的人才能体会到。

下午四点，我回到县城，去婆婆那里接回来了大儿子。次日，又开始了我的工作。孩子走了，心里老是沉甸甸的、放不下。

不到一个星期，二姐忽然托人给我带来口信：二子生病了。我一听，眼泪马上就出来了，二子肯定到处找妈妈，他是想我想病的。我后悔了，心想不该把孩子送到农村，那里离医院很远，病了不能看医生，怎么办呢？

第二天又是星期日，我哭着向校长请了假，恨不得插上翅膀飞到二姐家去接回我的小二子。但事实上不可能，一天只有一班船，最快也要到次日早晨。当晚我一夜没睡，只盼着早点天亮。天刚发白，我立即起身，带了点农村紧缺的物资，如火柴、肥皂、煤油，等等，一路摸着向码头走去。上了船，我像只木鸡，呆呆地望着窗外，心中只有一个念头：船啊，你快点走，让我早点见到我的小二子。船靠岸了，我上岸顾不上喝一口水，一路小跑地到了二姐家。三十多里地，估计只用了一个多小时。进门我就忙找孩子，“二子，二子”，孩子听到我的声音，一下子扑到我的怀里。我抱起孩子哭了起来，孩子也哭了，二姐一家人也哭了。

二姐的嫂子七大娘说："你走那天，你家二子到处找你。我们说你上茅房了，他又找到茅房里，哭着要妈妈。"我听了更是伤心，二姐说："莫难过，二子的病现在好些了，与我们一家人也熟悉了，我们都很爱他，哥哥姐姐都能够带他玩。你的工作忙，在家又无人带。再说，我们在农村有土地能种瓜种菜，二子比在你们家吃得还要饱些，你放心好了，我会尽心尽意地照顾他的。"

我无奈地看了看二子，又感激地看了看二姐，想想我目前的处境，也只有忍痛割爱，将二子继续放在二姐家，按月给二姐写信寄钱。二子在二姨家待了两个多月，长好了，也长胖了，我的心这才安稳下来。

安葬公公

一九六〇年是三年困难时期的第二年。公公得了小肠气，到六安去开刀。回来后由于过于劳累，于一九六〇年九月三十日早上突发脑溢血，抢救无效，两个小时不到就去世了，享年五十八岁。我和丈夫十分悲伤，婆婆更是伤心欲绝。

灾难之年，人死在床上一无所有。公公过去开的私人杂货店，早已在"公私合营"运动中改造成了合作商店。公公是普通的店员，婆婆是家庭妇女。合作商店也无力照顾，丧事的处理立即就成了大问题。丈夫的单位在农村，自然也不能指望。我硬着头皮从学校找到县教育局，先到县教育局借来我和丈夫两个人十月份的工资七十元，全部用来作为丧事费用。但借来的钱远远不够，光一口棺材就七十五元钱。由于公公死得太突然，寿衣都来不及做，入土的衣服全是旧的。

棺是入了，但是抬不出去。那年月人人挨饿，抬棺的饿着肚子抬不动。家里没粮食，连管抬棺材的人一顿饭的米都没有。孝子孝媳给人家磕头也解决不了问题，关键是抬棺的人没力气，要吃顿饭才能抬得动。无可奈何之下，我跑到食堂去，那时大家都吃集体食堂，家里的口粮归食堂管。见到会计，我跪下就磕头，会计忙扶起了我，我说明来意，请求他预支半个月的口粮给我，会计答应了，称了十斤米给我。我又跑到商业局找有关领导，批了点豆腐干、白菜、萝卜。有了米和菜，家里才敢出去找一辆架子车，请了四个人来帮忙。就这样，煮了两顿稀饭，让人家吃饱了，才勉强把公公抬上架子车，拉到县城附近的墓地去安葬了。

双河区中心小学

公公去了，留下婆婆。婆婆当时才四十四岁，是丈夫的第三任继母，她只比丈夫大九岁。但不管怎么讲，她跟了公公，就是丈夫的继母，我也得问她的事，关心她。

那时我在县城工作，丈夫在农村工作，我们的两个孩子也跟着我，原本请保姆，后来请不起了。按说婆婆年轻，可以帮我们带孩子，可婆婆不愿找这个麻烦。公公走了，婆婆一个人在家里，我也不忍心，想她孤独，就把被子搬回家陪伴她。为了安慰她、孝敬她，我每月的工资只要发下来了，就马上全部交给她，让她支配，样样依她安排。但我很快发现，婆婆并不乐意与我和孩子住在一起。我想，她可能有自己的打算。

从一九六〇年起，我不断地思索，我们夫妻长期两地分居，工作上不能互助，家务上我一人独挑，不能共同负担孩子的教育。再者，他一个年轻人在乡村教单班小学，条件差、校舍更差，一个人从早到晚身兼数职，谈不上发展和进步。我与他商量，要求他来县城工作，他不作反应，抱着无所谓的态度。我自己拿主意，就向学校申请，把叶光裕调到附小工作，他当时就在离县城不到十里路的农村学校教书。

后来，我又写了书面申请，但一次一次都得不到回应，郑长平校长还冠冕堂皇地告诉我："那里需要他。"我生气地质问他："条件差的地方为什么不能轮流着，让别人去锻炼锻炼，他为什么不能来县城工作？"郑校长被我问得没办法了才说："詹远英，往县城调的老师要求高，一是业务尖子，二是政治骨干，否则是来不了的。"知道了上面的态度，我反复思考，既然丈夫调不来县城，我就只有想法往农村调，否则我们要永远分居两地，这样下去家庭和孩子怎么办呢？于是我和丈夫商量，也征得了婆婆的同意，我向县里、学校里递上了书面申请，要求和他一起调到离县城有八十里的农村双河区中心小学工作。看到报告，县教育局解祝三局长不同意，不放我走，他认为我是骨干教师。后来我反复向他陈述困难，他很无奈，既然老叶调不来，就同意了我们的请求。

金寨县城在大别山的边缘地带，双河则是在层峦叠嶂之中。洪学智上将的老家就在双河乡桃岭村，离我要去的学校不到二十里地。选择这里，一来双河小学是区中心小学，条件虽然比县城差，但也是靠着区一级政府，相对于周围其他学校也还算不错。学校有八个班级，二十多个老师，还有食堂和炊事员，比丈夫原来的单位要好很多。二来这里离我二姐家比较近，只有五里多地，有了困难好去找二姐帮忙。最重要的是，我们夫妻二人可以在一个学校工作，不用请保姆，好照顾家庭。

一九六一年九月，我和丈夫叶光裕一起调到了双河小学工作。

双河小学坐落在双河山山顶上的双河大庙里。双河山并不高，离平地不到三百米，但大庙却建得特别挺拔高耸，俯瞰着山脚下蜿蜒流淌的双河及相距不到二里路的两个集镇，上店子和下店子。

山顶只是大庙的起点，从山顶的一侧平地，垒起了三十六级台阶，台阶之上，才是正殿的大门。这三十六级台阶的高度，是大庙九十九间半房屋的地基高度，台阶全部用花岗岩石块垒砌，犹如石城般森严。从台阶的底部往上看，两棵合抱粗的古柏守卫在两旁，真有点看南天门的感觉。大庙是皖、豫、鄂三省交界地最大的道观，名为“黄徽府”，又名“东岳府”，始建于隋朝，重建于唐朝，明朝三度重修，元、明两个朝代为道观修建的鼎盛时期。

我们去的时候，建筑已相当残破，建筑群明显分为东西两大部分。西半部是道观的主体，前殿的屋顶被拆除，中殿基本完好，只是住进了双河区的茯苓收购站，后殿是他们的宿舍。再往西边的部分则是遗留道人的起居场所。东半边已被改造为学校，有一个很大的操场，学生下课活动及上体育课使用。尽管房屋内部结构有改变，东西两部分的整体格局还没被破坏，保持着道观的轮廓和气象。

每年的农历三月二十八日和十月十五日，双河山有两次壮观的庙会，方圆几百里，河南的商城、固始、光山，湖北的英山、麻城，安徽的霍邱、六安等三省十一县的人都来朝拜进香，络绎不绝，甚为壮观。每期庙会要持续十天左右，除了敬香朝拜的信男善女外，各种商贾、剧社、民间艺人等也蜂拥而来，在大庙山脚下沿双河的河滩搭起了几里路长的集市和演艺场。各种摊贩云集，人头攒动，煞是热闹。庙会在早几年曾被禁止，国民经济开始调整后，安徽实行责任田到户，庙会便再次兴起。到一九六五年的时候，庙会又一次被禁止了。

刚到双河时，二儿子叶鸣不到五岁，还没上学。过去在城里，哪里见过这么热闹壮观的场面。每逢庙会，他从一大早就不见了人影，多半是钻进了说大鼓书的人堆里，挤在最前面，坐在地上，双手捧腮，聚精会神地听说书艺人说“西游记”“水浒传”“薛仁贵征东”等历史和民间故事。看他那么小，又如此痴迷，说书人不收他的听书费，让他免费听书，他肚子饿了也不肯回家。这孩子记忆力很好，听过一遍的故事再长也不会忘记，回到家中还念念有词，手舞足蹈，模仿故事里的情节人物动作。

双河小学的教导主任李定才老师特别喜欢老二，他历史知识丰富，空下来或中午休息时，总爱把老二拉到身边，坐在学校办公室门前的石头台阶上，一边晒太阳，一边给他讲“瓦岗寨”“隋唐演义”“风波亭”“阿里巴巴和四十大盗”等故事。说的我家老二心驰神往，兴奋无比。

双河小学的校舍在大庙的东半部，和西半部有个小门相通。我们搬去时，大庙里还有一些道人居住。道长常老道过去曾是冯玉祥部队的骑兵排长，他为人和善，历史知识也很渊博，叶鸣和他混得很熟。这孩子经常一个人跑到庙里找常老道玩，听他讲故事，关于双河大庙的历史延革，大都是二子从常老道那里听来的。

我们课程多，一上课他就无处去，因此，他多是跟我进教室，站在教室后边。这是农村学校的好处，不正规，但可以照顾家。在梅山县城，这样的行为就根本不被允许。开始时学生注意他，老看他，时间长了也就把他当班上的学生了。二子没有位子，老是站在教室的一角。他在教室里从不吵闹，我也不管他，他自己也跟着学生学一些字和数、唱歌、画画……下课了，他喜欢和小朋友一起打闹，有时趴在老师的背上，求老师给他讲故事。老师讲上句他讲下句，活泼可爱，老师们个个都喜欢他。

我还没到这个学校前，个人档案就已转过去了。我一到双河小学，中共双河区委就要我担任共青团双河区委少儿委员、双河小学少先队大队辅导员，负责双河地区和本校的少先队工作。

一九六四年下半年，上级团委要求每个学校少先队都要组织开展爱国主义教育活动。任务布置下来了，上级发下来一份《美帝侵华百年史》的长篇漫画，我有点犯难。我是大队辅导员，理所当然地要筹备活动，要出画刊，但我不会画，其他中队的辅导员也画不来。在农村学校，找个会画画的人非常难。情急之下，我突然想到了刚上二年级的叶鸣，他八岁了，平时喜欢看小人书，喜欢画画，不知道他行不行。我把他叫到跟前，拿出漫画样品指给他看，“二子，你能照着样子把它画出来吗？”他一边翻着漫画片，一边仔细地看着，“妈妈，我能画。”听到儿子的回答，我高兴极了，我帮他制定了计划，八岁的孩子接受了艰巨的任务。他非常投入，非常自觉，利用课余时间，不用我催促，不到十天时间就把三十多个版面的漫画都画了出来。来观看的领导和老师们听到这是我八岁的孩子画的，纷纷说：“你的这个二子真是神童，将来一定是个画家。”

难忘的一堂公开课

在双河小学，我依然教低段一到三年级的语文课。比起县城的工作量，这里要轻多了。我只教语文和唱歌，不教数学了。

一九六一年后，县区教育部门又开始注重提高教学质量，不断开展教学观摩活动。双河小学是辅导区中心小学，县里有关部门来双河区检查工作，第一站就是双河小学。他们来后，首先听学校领导汇报，然后深入课堂听课，课后检查教师教案，也就是备课笔记，还有学生的作业本。

紧接着，校际间的教研活动也展开了。兄弟学校先来辅导区学校观摩听课。只要有人来听低年级的课，学校教导处就与我商量，要他们先听我上课。我一如既往，义不容辞，积极承担。我给自己下命令：这是在农村学校工作的开始，在城里教课好，下农村同样要教好课。只许成功，不许失败。

一九六二年秋季，邻区相隔二十多里地的南溪区汤汇小学的孙校长带着一行十一人来到双河小学，说是来取经，要求听课。学校教导处决定让我上课。他们头天晚上到，第二天早上第一节就听我的二年级语文课。我带着微笑，从容走进教室，师生问好坐定后，开始直接陈述："今天，我们班上来了不少客人，他们远道而来，来看望我们全班同学，希望同学们认真上好这堂课，以好的表现和成绩来回报他们。"我继续说，现在老师给同学们讲个故事。谁的故事呢？主人公的名字叫"瑞华"，我随即在黑板上板书"瑞华"两个字。接着继续讲故事，边讲边板书课文生字，故事讲完，板书也完成了。我接着说，这个故事其实就是"瑞华的梦"，随即又在"瑞华"两字后面加上"的梦"二字，"瑞华的梦"便完整地出现在学生们的眼前。我让同学们大声地读两遍，告诉他们，这就是我们今天要上的新课。我要求大家打开课本第二十八页，看着课文，听老师朗读。我绘声绘色地朗读，同学们静静地听，脸上都带着笑容，下面的一系列活动都顺利展开，课堂气氛活跃，教学效果良好。我布置作业的声音刚落，下课铃声就响了。

评议会上，听课的老师赞不绝口。带队的孙校长说："原来只是听说詹老师课上得好，今天身临其境，看到了，也听到了，百闻不如一见，确实好。我们一定要把今天看到听到的好的教学方法和经验带回去，带动汤汇地区的教学工作。"我很不好意思地说："哪有那么好呢，大家鼓励我罢了。我也不是为了你们来才专门准备，平时也是这样上的。”

我上过多少公开课，已经记不清了，有多少人听过我的课，我也记不得了。这堂课之所以印象深刻，是因为听课的人记住了我。八年后，大约一九七〇年，我下放回河南商城县曾油坊大队小学，孙校长到商城有事，听说我在农村教课，专门找上门来看望我、鼓励我，让我终生难忘。

到双河小学工作以来，对待各项工作依然像在县城一样努力苦干，很快就得到了双河区领导和老师的重视。一九六二年，国家对部分教师提高工资，我由原来的小教七级提到六级，金额提高到四十三块五毛。双河小学只有两个教高年级的老师和我这个教低年级的教师评上了这个级别。

婆婆改嫁

全家搬到双河后，县城的家里只剩下婆婆一人，一九六二年，她还只有四十八岁。后来经别人介绍，她和金寨县粮食局局长陈友三结婚了。

消息传到双河，我和丈夫虽然都支持她的选择，但毕竟相处多年，还有传统观念的约束，一下子感到很难过。我哭着告诉了大儿子叶鹏，奶奶平时最喜欢他这个长孙子。那年他已经八岁了，还不知道“奶奶走了”是什么意思。我告诉他，奶奶成了别人家的人，大儿子也哭了起来。

陈友三局长是一九三八年参加八路军的老干部，他一九四九年随部队解放金寨后就留在了当地，一直担任县粮食局的负责人。他过去也认识我，还在老金寨教书时，金寨完小和粮食局是一个团支部，他对我的印象很好。别人介绍我婆婆和他认识时提到了我，他马上就笑着说："詹远英是她儿媳妇啊，我认识小詹，熟悉她，她人很好。"听他如此说，介绍人就更加努力用心了。

后来我和大儿子一起回梅山县城，回到老家的房子。婆婆已经搬走了，家里已经没什么东西了。邻居忙跑来跟我说："詹老师，你可回来了。你家婆婆走的时候，把东西都搬走了。我们都看不过去，你去找她要回来吧。"我当时只能苦笑，人都走了，东西还有什么用？我跟邻居说："过去家里的一些东西，都是她添置使用的，她可能觉得用起来比较顺手吧。"

陈局长听说我们回到了县城，立即就过来了，一把抱住孩子，喊我："小詹，回家去。"当时我和孩子都哭了，我们跟着他，一起到了他的家，和婆婆见面。我们就此来往了。他还和我说："小詹啊，你要是在我这里工作，我早就把你提起来当领导了。"在以后的岁月里，他给了我们家很多的帮助和支持。我们相处得很好，孩子们都亲切地喊他"陈爷爷"。

三次出险

随着生活的好转，我又怀孕了，于一九六二年秋在双河小学生下第三个儿子。这孩子生性憨厚，不好哭，不磨人，奶水不够就喂饭。他大口吃，白天吃饱了就睡，夜里也从不折腾人，是个乖孩子。身体蛮好，白白胖胖，讨人喜欢。我很疼爱他，全身心呵护他。

一到三岁期间，他基本上不生病，憨憨的，我给他取了个名叫"鹤"。他的两个哥哥的名字都有"鸟"字，"鹤"不但有"鸟"

字，同时还是好“鸟”，象征福寿吉祥。还有成语“鹤立鸡群”，预示成人后一定会有出息。

叶鹤虽然打小身体好，但也有生病出险的时候，小时候他曾遇险三次。

第一次是在他三岁后。这年春天，他突然发烧、咳嗽、胸闷。经检查是出麻疹。前面两个大孩子出麻疹时，都很顺当，发过烧也就出来了，过几天就好了。他却不然，高烧不退且喘，看到孩子喘得厉害，我很心疼，赶紧带他去医院看病。医院离学校有二里地，还隔着一条大河，河上没有桥。那些天老是下雨，山洪涨得很快，河水转眼已经有腰深了，河面有上百米宽，过不去了。我当时就一个想法：孩子病情严重不能耽误，再难也得想办法过去。我抱起孩子就往河边走去。我下了河，河水很快淹到了腰部，我用力将孩子往上举。一个浪头来了，我一个趔趄，拼命托着孩子用力向前挪。就在这紧急时刻，一位学生家长飞快地蹚下河来，一把接过孩子，抱着他往河对岸走去。我拽住他的衣襟，跟着他一起往前蹚。那位好心的家长把我们送到了医院，我说了声谢谢，接过孩子就找医生。

我全然顾不上自己湿漉漉的一身，忙找熟人帮忙给孩子换上干衣服。孩子换好了衣服，我让医生给孩子检查。医生一量体温，高烧到四十度，并发成肺炎。医生决定收下孩子住院，连夜给孩子输液消炎。我穿着湿漉漉的衣服，在孩子身边坐了一夜。我不停地给他换凉毛巾，两眼不停地盯着他，直到天亮孩子退烧后，我才松了一口气。

第二次也是在三岁以后，一天傍晚他不小心把一个五分硬币放到嘴里，硬币滑到嗓子眼里卡住了。他吐不出来，很快就滑到肚子里了。他吓得哭起来，我忙问起他，他什么都不说，只顾着哭。带他的小保姆告诉我情况后，我立刻抱起他就往医院跑。

医院已经下班了，我求值班医生想办法给儿子治疗，值班医生是刚参加工作的年轻人，没经验，这样的情况处理不了。我马上去找院长孙学周，他已经回家了。他家离医院有七八里地，我立刻抱着孩子往回走，将孩子送回学校，接着就去孙院长家。孙院长是我学生的家长，见面后他二话没说，就跟我一起来到学校了。他仔细检查后说：“五分的硬币很大，又消化不了，从肛门难出来，只有想办法让硬币从嘴里吐出来。硬币有毒，时间长了对肠道有害。在我们这里，开刀有条件限制，眼下不可能。”他开了一张处方，孩子他爸立刻去医院取药。孩子喝下药后，不一会儿就呕吐起来，硬币很快就吐出来了。幸亏治疗及时，硬币还没来得及走到肠道，时间长了说不定会出其他什么问题。

1964 年在金寨双河小学全家合影

学校曹校长很喜欢我们家的孩子，叶鹤四岁那年，他从外面买了一包柿饼回来，给了我们家不少。鹤子爱吃，一口气吃了好几个。他吃着吃着，两眼突然向上翻起了白眼，嘴里还不停地抽动，嘴角泛出些白沫，看到这种情况，我吓呆了。我抱起孩子就往外跑，打算去医院。其他的老师见了也都惊呆了，只是看着我跑，不知道该怎么办。其中家住古碑的陈开联老师可能有过类似的经历，他立即从我这里接过孩子，飞快地下山，抄小道赶到双河区医院。

天已黑了，医生早已下班，只有值班医生。他在孩子的人中上掐了掐，又摸了摸孩子的胸部，后来又给孩子喝了点水，慢慢地孩子好些了。原来是因为柿饼在晾晒的过程中不卫生，孩子又多食引发了消化不良，导致肠胃疾病。我松了一口气，心里十分感激陈老师，要不是他抱着孩子快速来到医院，治疗及时，孩子又不知会怎么样了。

打那三次以后，他很少生病，身体很好，憨憨得讨人喜欢。有时他自己出去玩，玩着玩着就在路边的庄稼地里睡着了。等我们找到了他，叫醒他，他不哭也不闹，就跟我们回家了。

他爱劳动，常跟两个哥哥一起上山拾柴。五六岁时他就想跟着哥哥上山，他太小，我们不让他上山，不给他柴刀，他就偷偷地跟在两个哥哥后面，哥哥们砍柴捆柴，他就捡山上枯死的干树。一天，他偷偷地捡到一棵干枯的小树，放在肩膀上，跟在哥哥们的后面扛回家，笑眯眯地告诉我："妈妈，我能扛树了。"看着他头上脸上全是汗珠，我心疼得眼睛都润湿了。

换子风波

生了三个孩子后，我感觉很累。无人帮忙，工作重，平均收入低，无力再要孩子了。当时计划生育工作抓得不得力，科学技术水平也比较低，避孕措施少，效果也差。我提心吊胆生怕怀孕，但不知不觉，于一九六四年又怀上孩子了。

我不想要了，到县城的医院去检查，想做人工流产，但检查后医生发现我心脏不好，不宜做流产。本不想要孩子，为了身体只有留住。我当时有一个想法：也许这是个女孩呢？要是那样也就遂了我的心愿，我非常想要个女孩。

生前几个孩子时，因条件的限制，没做过产前检查，都是在家里生的，但都比较顺利。第四个孩子快要临产时，妇幼保健条件好多了，我去了区卫生院做了一次产前检查。医生告诉我："摸不到胎头，胎位不正。"我听了比较紧张，害怕难产。这里离县城八十多里地，不通车，双河区医院的条件比较差，到时万一难产怎么办？我同丈夫商量，趁着还没临产，赶紧去县城医院待产。我还找了二姐，请他们帮忙。二姐讲："你离临产的日子很近了，这时候走路怕是不行了，只有找抬子，把你抬到县城去。"我想了想，同意了。

二姐找了两个人，绑好一副抬子，第二天一大早来到学校。那天是腊月初八，正是数九寒冬。虽然天气非常冷，但是个大晴天，艳阳高照，没有刮风时，晒得人暖洋洋的。丈夫挑着一副挑子，里面全是坐月子要吃的东西和小孩子穿的用的东西，请来的两个人抬着我，早饭后出发了。

冬季是枯水季节，水库里没水，轮船开不动，只好走旱路。一路上崇山峻岭，山路崎岖。两个人抬着我，很吃力，一天赶不到县城。下午四点多，太阳就快落山了，我们就借住在本区三合公社的赵院小学里。赵院小学的老师胡孝惠和肖显明热情地接待了我们一行人。第二天一大早，我们又启程了，直到当天下午五点多才到达县城婆婆家。

二老接待并安排我们住下。刚睡下来，我就感到肚子有些疼痛，且有少量的血流出。我心里有些紧张，但又感到很庆幸，这个情况要是出现在昨天夜里，该如何是好？要是出现在路上该怎么办呢？我喊醒丈夫，叫来婆婆，在两人的陪护下，自己走到医院，住进了金寨县医院的妇产科。经医生检查，胎位正，只是胎头偏下。子宫口已开，医生让我睡在产房里待产。第二天夜里，也就是腊月初十，一个活泼健壮的男婴顺利地出世了。老叶还有教学任务，家里有家务和三个孩子，不能在此久留。我生孩子的第二天，他就回去了。

这个小不点老四十分可爱，他出生后就不磨人，也不好哭，圆圆的小脸，大大的眼睛，乌黑的头发，白嫩的小手，人见人爱。第二天，也就是老叶回去后，我的同事常元英老师来看我。进门后，她挨着我坐下，接着就去看孩子。她连声夸奖孩子长得好，然后从口袋里掏出一张折好的纸递给我。我打开一看，是一封写给我的信。写信的人也是一位老师，我认识她。信的内容是与我商量换孩子。她说："我现在有三个女儿，很想要一个儿子。但又不想再生了。我的小三子已经三个月大了，长得很好，很可爱。你已经有四个儿子了，听说很想要个女儿，我有意将我的三女儿换你刚生下来的四儿子，不知你意下如何？"

还有这样的事情？我仔细地看信，不由地发出笑声来。看到我一直在笑，也不说话。常老师意识到了我不会同意，自我解嘲地说："哎呀，天下哪有换孩子的事呀，除非是自己不知道，别人动手脚还差不多。"我说："是啊，你看，我为生这个孩子受了多少罪，吃了多少苦，孩子多么可爱，我怎能舍得？"

自古言：儿要亲生，田要自耕。自己孕育的孩子，怎么能换呢？

冒着风雪回双河

我在医院住了四天，医院不给产妇送吃喝，我只有回到婆婆家暂住。虽然婆婆能够照顾我，但她还有家务，还要照顾陈爷爷。能用在孩子上的时间和精力已经不多了。

我和他们一起吃三顿饭，孩子的事情只有靠自己。洗呀、喂呀、抱呀，全是我自己，哪里像产妇坐月子的样子？刚出院时，我就托婆婆带信给双河二姐，让她找人把我和孩子抬回去。孩子出生后十三天了，我和婆婆都有点着急了。那天是腊月二十三，过小年，再不来人，马上就过春节了。我们正在着急，上次送我来的两个人带着一副抬子来了。这次丈夫不能来，委托他们两个人把我和孩子抬回去。

腊月二十三正值“四九”，一年中最冷的时候，我们一大早上路。按当地的乡村风俗，没满月的产妇不能进人家家门。因而，我在路上不能休息，也无法吃饭。当天再晚必须赶到双河才行。无奈之下，我只能再次拿生命作赌注。我仰面朝天地躺在抬子上，怀里睡着出世刚十三天的小四，在凛冽寒风中沿着崎岖不平的山路翻山越岭。两位脚夫吃力地抬着我们母子前行。

一路上弄不到吃的，还要喂孩子的奶。一直很晚了，天黑透了，才摸到了双河小学的跟前。学校在山上，山下有一条河，河滩全是起伏不平的鹅卵石，因天黑看不清，两人一个趔趄，我从抬子上摔了下来。我紧紧地抱着孩子，幸好，我掉在下面，孩子在我身上。我的衣服湿了。两位脚夫忙把我扶上抬子，我湿漉漉地睡在抬子上，被抬回了家。回到家里，我饿极了。老叶为我准备了一碗热腾腾的牛肉面，我狼吞虎咽，一口气吃完。到了第二天天亮时，我全嘴的牙都疼起来了，连喝水都疼痛不已。原来昨天牛肉炖得不烂，月子里的妇女不能吃。但我饿极了，饥不择食，使劲地嚼。第二天，后遗症就开始出现了。

这次生老四的风险是很大的，可以说是拿命赌了一次。寒风凛冽，生在路上怎么办？路上难产又怎么办？回来的路上受了风寒怎么办？到家前摔在河里得了产后风怎么办？想来十分后怕。多亏老叶的细心照料，产后只有风湿性关节炎的后遗症很严重。他从双河大庙的常老道那里得知了治疗风湿性关节炎的民间偏方，托人买来了鹿筋，和几味中药一起炖。连吃了几个冬天，我的风湿性关节炎逐渐好转。

我侥幸渡过了难关，保住了性命，但元气大伤，留下了很多病根。后来，我的牙接连半截半截地断，不到五十岁，牙就断得差不多了，留下一嘴牙根。我很早就不能吃硬东西了，只能吃软、烂的食物。在三年困难时期，我长期挨饿，这次月子里又一天没吃到东西，以后再不能打饿，一饿就心跳、心悸。还有就是怕冷、怕风。随着年龄增长，各种病也越来越重，越来越频繁地发作。发展到一年四季都怕冷，夏天也怕冷。夏季别人都穿汗衫短裤，我则常需穿三套衣服，根本不能扇扇子，不能吹空调。

也许是上天给我补偿，因为生孩子受尽磨难，所以这孩子出世以后特别乖，一点也不磨我。我给他起的名字叫“叶鸽”。鸽子小巧玲珑，象征着和平幸福；鸽子是人类的使者，为人类传递信息，人们都喜欢鸽子。鸟类都有自由的翅膀，我希望我的孩子都有坚强的翅膀，搏击长空，自由飞翔。

小鸽子乖得让人心疼。出世后白天不吵人，吃饱了就睡，醒了自己在摇篮里玩，玩倦了又睡；夜里也不吵人，醒了吃奶，吃饱了嘴一离奶头又睡了。一周岁就会走路了，跟在大人后面从不乱跑，三岁之内没有生过病，一天到晚蹦蹦跳跳，乐呵呵的，老师和同学都很喜爱他。小鸽子会走路以后就跟在我身后转，好像我的小尾巴。他从不吵我，非常听话，我上课他就在教室外面站着，从不远离。我走到哪里，他跟到哪里，可是他不进我的办公室，总是在离我不远的地方自己玩，从不招惹是非。要是外面来了客人，或是卖东西的人，他会飞快地跑到我面前告诉我谁谁谁来了。那时我们在双河，几乎每天都吃豆腐，长冲村一位自家做豆腐的专门挑上山到学校来卖。每当看到卖豆腐的来了，小鸽子就会跑到我面前喊道："卖豆腐，长冲的。"

快过大年时，我们入乡随俗，请人到家做挂面。每逢这时，他高兴极了，像个小大人似的围在牵挂面的人身旁转，不时找话讲，他一遍一遍地问："你给我们家挂挂面是吗？累吗？怎么挂呢？要是断了怎么办？"问题有趣，问得挂面师傅老张乐呵呵的。

"悠然见南山"

一九六一年秋，我们家到双河小学后，学校一片繁忙。学校有地，学校的老师可以利用节假日星期天生产自救，编成小组种庄稼，在房前屋后的空地上种瓜种菜。老师也可以种家里的自留地。这种情况，在县城里根本就不允许，也没有这个条件。

我很高兴，因为饿怕了。学校这样做，让我和孩子们可以吃饱饭，解决了我家的大难题，这正是我要来双河的目的之一。但叶光裕长期在单班小学自由惯了，不适应这么紧张繁忙的环境，竟然出现了畏难情绪，不愿干。农村的老师很热情，也很直率，说："老叶，我们都是有孩子的人，不种点粮食，靠国家供应的有限口粮，孩子是吃不饱的。他们正在长身体，不能饿着他们。"

刚到这个学校，正是秋收季节，学校搞勤工俭学，收获了很多玉米黄豆。食堂里每顿都是又稠又香的玉米糊，让你吃个饱，我们全家一下子露出了笑容。原先还觉得这里地方小、条件差，可孩子们能吃饱肚子，一切就都适应了。

老叶开始积极行动起来，利用课余时间种粮食、种蔬菜，他带领孩子一起上山打柴。一九六二年夏季，我们家就已收获了两百来斤小麦。我们把小麦磨成面，做馍馍、挂挂面。到了秋季，我们又收下了不少黄豆。有黄豆就可以磨豆腐、换豆腐。有了粮食，家里还养了鸡，鸡蛋的问题也解决了。在这里，我们全家不再挨饿了，并且每星期可以吃一顿肉，经常有鸡蛋吃，天天都有新鲜蔬菜和豆腐。孩子们都很高兴，长得很健康。

双河小学有一个很大的操场，四面封闭，高墙和教室相围，只有一扇大门可供师生进出，因此这里成为农村放电影的好场所。只要天气好，电影队每周都要借用这里露天放电影，并在门外卖票。

我们家住在学校院内，当然不用买票。这样每个月全家都可以看几场免费的电影，业余文化生活也比在县城要丰富多了。从一九六一年到一九六六年"文革"开始，孩子们几乎看遍当时所有的国产电影，这对他们日后的成长和知识的积累有很大的帮助。

住在双河山大庙上，在两个方面不方便，都与水有关系。第一是下大雨后的过河问题。河对岸是区政府和人口最多的集镇下店子，大部分学生都是过河来上学。河面宽敞，没有桥，天气好的时候，河水不深，河上用一块块零散的石头组成了天然的桥，学生们踩着石头，跳着过河。遇到夏天下暴雨，河水猛涨，平时只有十来米宽的河面，在几个小时内扩到上百米宽，山洪暴发，浊流滚滚，学生们根本无法过河上学。所以双河小学有一个传统，即每逢河水暴涨，男老师就卷起裤子，下到河里，手牵手把学生们一个个护送过河。如果河水涨得再深一点，低年级的学生没法过河了，老师们就把他们一个个背过河来。严寒天气，老师们也会这样背孩子过河，否则学校就开不了课。天长日久，很多老师背学生得了病。我丈夫老叶也因受寒，经常胃疼。他被这个病痛折磨了近二十年，直到七十年代末期才治愈。现在回忆起二十世纪六十年代的小学教师，特别是像我丈夫那种对教育事业具有无私奉献精神的，真是令人感叹不已。

因为山上无水源，也无自来水，所有用水都得靠人工一担一担地挑，存在家里的水缸里。从山顶到小河，大约有六百米的距离，且是坡度大约四十度左右的山路，挑水上山是一个很大的难题，特别是遇到天阴下雨或下雪就更是困难。刚搬去两年，是老叶挑水，大儿子叶鹏长到十岁的时候就负担起挑水的重任。刚开始他只能挑半桶水，还要在山路上歇两到三次，十二岁后就能挑两满桶水了，但也要歇两次。每当我看到他瘦小的身体挑着两大桶水悠悠地爬上山来，心里既自豪又怜爱。他是孩子中的老大，穷人的孩子早当家，他为父母减轻负担，给弟弟们做出了榜样。

二儿子叶鸣也很懂事，从八岁起就跟着爸爸和哥哥爬十多里的山路，到深山老林里打柴。学校农忙放假时，他和其他小伙伴一起，到收割后的农田地里捡麦穗、稻穗带回家喂鸡。他从小就养成了爱劳动和节约的良好习惯。直到现在，我和孩子们都很怀念一九六一年秋到一九六五年秋那段宁静的时光：单纯、快乐，无忧无虑。孩子们说，那段时间，很有点陶渊明笔下“采菊东篱下，悠然见南山”的自给自足的田园生活的味道。

流产的人工流产

已有四个儿子的我，被方方面面的压力压得透不过气来，无心再要孩子。虽然没有女儿是个缺憾，但世上哪有那么随心的事情呢？如果冒险，再生儿子又怎么办？我痛下决心，不再生孩子了。

二十世纪六十年代末，国家也感到人口激增带来的压力，开始重视计划生育工作，在节育方面也有了措施。一九六七年春天，县里组织了一批医务人员深入到农村，宣传动员育龄男女节制生育，愿意节育者当场做手术。

医疗队的第一站是双河小学。经动员，当场就有四名男教师报名节育，其中就有老叶。那时，老师们的家里大都有三四个孩子，尝到了生活的压力，不用做多少动员工作，就在临时搭起的手术室里做了结扎输精管的节育手术。手术后大家的工作生活都很正常。丈夫做了结扎，我思想轻松多了，多年来怕怀孕的包袱总算丢掉了。

奇怪的是，在丈夫做结扎手术后的第二个年头，月经又出现了延迟很久的问题。同时心理和生理都有了妊娠反应，自我感觉就像以前怀孕一样。这是怎么回事呢？我非常奇怪，将此事告诉了老叶。他的传统观念和大男子主义很重，又是个遇事不爱动脑筋、怕麻烦的人。他听了后不与我找原因，反而一个劲地不高兴。我一气之下，向学校领导请假，自个儿到县医院妇产科检查。妇产科医生董光明是老熟人，对我很好。她说："詹老师，你又怀孕了，你已有四个孩子了，这个要不要？"我未加思索，直截了当地说："不要了。"她说："不要了就做人工流产，你做吗？"我说："做。"她说："门诊部不能做，我给你开好条子，你去住院部做。"

我手持条子去婆婆家，找婆婆陪我去医院住院部。在此之前，我没做任何准备，也没有吃点东西，就一个心思地想把刚怀上的孩子给做掉。我把手中的条子递给了住院部妇产科的医生，她们问了问情况，就让我上了手术台。我在手术台上躺了半个多小时，也不见医生来。我急了，问婆婆。婆婆说，她去找找。婆婆去到院子里，发现有好多人在那里吵架，越吵越厉害，快要打起来了。她找不到医生，跑回来告诉我。我也躺急了，一骨碌爬起来自己去找医生。我走近吵架的人群，发现医生们正吵得面红耳赤，一个个都像斗公鸡，谁也不肯让谁，其中就有给我做手术的医生。

那时，"文化大革命"已经开始一段时间了，医院分成两派，谁都认为自己最正确。医院没有了正常的工作时间，也没有了纪律约束，医生们各自为王，各自为政，哪有心思为病人治病，给我做手术呢？我心里很紧张，很怕那些脸红脖子粗的人来给我做手术，这太不保险了。我同婆婆说："我不做了，回去改日到南溪医院做。"婆婆带我去她家，陈老爷子对我很关心，问我们去哪里了，我老实告诉了他。他听后说："不要流了，养不起，我帮你们。"

回到学校，情况起了变化。我去县城做人流的消息老师们都知道了，巧的是，与我丈夫同时做手术的几个男老师，还有外单位做手术的人，他们的妻子也都先后怀孕了。经了解，那次下乡做手术是试验性的。精管不剪断，只是划开一个口子，把精管挑起来，从中间扎一下，结果这样的手术失败了。我的心情也有了变化，心想："这回也许是个女孩呢？"我就不去南溪流产了，我想，孩子留下来，有罪有累我自己受吧。

痛苦难熬的非常时期

"文化大革命"开始后，到处是斗"走资派"，破"四旧"，横扫"牛鬼蛇神"。随着运动的深入，两派对立，秩序更加混乱。

一九六八年那一年，我个人的灾难最多。"造反派"在斗争区委领导时得知我即将被提拔为中心小学副校长的消息，于是我的头上就多了一顶"走资派的大红人"的帽子。那个年代每年都要填表审查，我的所谓历史问题人人皆知。这时候，"造反派"就抓住这些问题围攻我，说我是"特务""家庭成分是地主"，等等。

大字报贴在街头上和校园里。学校在停课，隔壁大庙里的道人也被扫地出门，大庙和学校空空荡荡，就我们一家人居住在上百间房屋的建筑群里，别的老师全回到农村的家里去了。当然，在教室里还关着从乡下抓来的“牛鬼蛇神”。每天，我们一家人看到的是“造反派”对那些所谓的犯人进行审讯和拷打，听到的是被审讯者的痛苦惨叫声，整天处于害怕和紧张之中。我时刻都提心吊胆，要是“造反派”整到我头上来怎么办？要是他们把我吊起来打，我肚子里的胎儿还能保住吗？此时，我又后悔没有去做人流。

往后的日子更糟了，一九六八年，山东嘉祥县小学教师侯振民、王庆余提出“将所有公办小学下放到大队来办”的建议，《人民日报》发表并加上编者按，号召讨论和支持这一建议。全国掀起了公办小学下放到大队去办、教师各回各生产大队的运动，大批农村公办小学教师被强行下放回原籍，由所在大队的贫下中农社员推荐并任教。

我和丈夫都是外地人，在本地无处可去。我又是运动的对象，理所当然地受到各方面的歧视和冷遇。我丈夫闲着无事，每天吃过早饭后，带着两个大孩子上山打柴，我怀着一个孩子，带着两个小儿子在家。秋去冬至，眼看一年即将过去，我和丈夫被挂起来已有好几个月了。本地的老师都有了去向，我俩怎么办？没有了工作，我们这一大家子又怎么办呢？

在这段痛苦难熬的非常时期，原双河公社党委书记潘文秀给了我信心和力量。每当我找到她时，她总是安慰我、鼓励我，要我不要怕、要坚强、要挺住。她说：“他们伤害你，没有影响到你吃饭和睡觉，也没有停发你的工资，你怕什么呢？”这些话在当时起到了一些作用。潘文秀书记对我一向关心和重视，她的儿子和女儿都是我的学生。她平易近人，我们相处较好，我有话也愿意同她讲。后来七十年代我大儿子当兵政审，她亲自给我写证明，又帮我找原来双河区委的组织干事周世贵同志为我写证明，证明我一贯表现很好，历史已做结论，没有新的问题。

那时，我已是有八个月身孕的孕妇，精神上受刺激太大，患了严重的神经衰弱症，整夜睡不着觉，人瘦得皮包骨。丈夫着急了，他感到人在外乡受人欺，不如回老家。他说："我们也有老家，老家也在农村，我先回去看看老家的形势，看看老家的人是否愿意接收我们。"听他这么说，我也有些拿不定主意了。"文化大革命"确实是史无前例的，谁能拿得准它到底怎样发展呢？我们目前无事做不要紧，但孩子们渐渐大了，也得学文化和学些劳动技能，将来好靠劳动生存。想到这些，我就同意了丈夫的意见，让他先回老家河南省商城县曾油坊看看，看看人家是否愿意接收我们再说。

一九六八年十二月，老叶回到了曾油坊，回去住了三四天，就立即回到了双河。他的情绪很好，他把在家乡见到的、听到的以及曾油坊大队党支部对我们回去的态度一一地告诉了我。他说，家乡的人对他很热情，大队党支部对我们回去非常欢迎，并表示家乡正缺乏我们这样的人才，如果回去，可以立即安排在大队小学教课，并且连将来的住处都进行了安排，提供了三处住房供我们选择，三处都是属于大队或生产队公有的房屋，还比较宽敞。他带回来的消息出乎我的意料，我听了当然很高兴。对比眼前的环境，感到还是家乡好，最起码不拿我们当坏人看。可是否真的回老家，我还是很犹豫。

我对金寨很有感情，我是在金寨各级党委培养教育下成长起来的人民教师，是金寨给了我这个孤儿当家做主人的尊严和自豪，对金寨的一切，我都实在难以割舍。但眼前的情况，使我倍加忧愁。在县城里可能就不会有这样的考虑，但是，我是在农村小学，我不能不考虑"根"的问题。这个"根"就是家，四个男孩子得有个家，当不能吃智时，就得吃力气。男孩子出力也要有个地方，受人歧视，遭遇冷落，对外乡人来说，心情是很难受的。我的心情十分复杂，十分矛盾，思前想后，何去何从，难以决定。老叶想回去的心很坚定，他见我一时拿不定主意，就说，你也回去看一看吧。当时我怀孕已八个月，挺着大肚子，行走很是不方便。但整天无事可做，在家里也是胡思乱想，睡不着觉，还不如回去看看，了解些情况。为了一家人的未来，我决定冒着风险，豁出去走一回。

又一次历险

一九六九年一月底，又是三九寒冬，我带着十二岁的二儿子叶鸣，步行回老家河南商城曾油坊。双河离曾油坊有一百五十多里，一路上大大小小有十座高山。在金寨境内的四道河子山和另一座与河南商城县交界的挥旗山尤为陡峭。从山脚爬到山顶，正常人也要一个多小时。在四道河山下的瓦屋基小镇上，还残留着全国唯一的由当年红军兴办的列宁小学的遗址。我大着肚子，不知歇了多少次，和十二岁的二儿子终于爬过了这些大山，奇怪的是肚子里的孩子也没有事。我和儿子在路上走了两天，途中住了一夜，终于回到老家。大队支部的领导和乡亲们见我挺着大肚，风尘仆仆地到来，对我特别亲切，热情令我感动。

第二天，他们带我去看可供选择的三个住处。其中的一处我很满意，离小学只有一里地，只有两户人家，其中还有一户是血缘很近的叶姓自家。门口有合抱粗的枫树，还有清澈的水塘，顺着水塘埂走过去，就是准备分给我们家的菜地。看着这样的环境，我感到一家人终于有了一块像样的落脚处。四个孩子就是不上学，也有劳动的场所。我把我想到的问题，向大队支部领导和盘托出。最后都谈妥了，就决定春节过后全家都过来，老叶来了就上班教书，我生完孩子、休完产假后再上课。

快过大年了，我得和二子赶回双河。但是，回去的路更加艰难，时值四九，我们不敢爬险峻的挥旗山，就改走另一条较平缓但路程要远得多的路——伏山分水岭。没想到，过扬桥镇开始上伏山时天气就变了。天灰蒙蒙的，几乎使人看不到二十米外的一切。气温急剧下降，渐渐下起了小雪。更为可怕的是，山路上很快结起了冰，有些地段像玻璃般光滑，根本无法行走，我和二儿子已无退路。山陡道滑，一不小心就会摔倒，儿子摔倒了还能再爬起来，我要是摔倒了那可是呼天不应、叫地不灵了。我小心翼翼，头上戴条围巾，脚上的鞋用稻草绳子缠了又缠，系紧防滑。我们避开结冰的山路，在林间用树枝当拐杖，继续互相搀扶着往前走。路上几乎见不到行人，碰上个把人，也是劝我们娘俩不要往前走了，太难走，太危险了。我们别无选择，硬着头皮继续走下去。

我们娘俩高一脚低一脚，慢慢向前走，风越刮越大，雪越下越紧，像竹帘挂在眼前，挡住了我们的视线，看不清前面的路。天色灰暗暗的，四周死一般的寂静，一个人影也看不到。我害怕极了，担心深山里的野物出来寻食，我们娘俩无力抵抗，会被伤害。我们用了八个小时，翻过了伏山、四道河子山，走到了较为平坦的汤汇。从汤汇到双河，虽然只有三十多里地，但人烟稀少，山路特别崎岖，全是打柴人走的小路。尤其是尖石沟那一段，又陡又窄，或是树木丛生，遮天蔽日，脚下全是松软的松针和树叶；或是根本没有路基，很长一段都是裸露的岩石表层。山间的溪流弯弯曲曲，反复地打断小路，只有踏在断断续续的青石上才能走过。眼前，这一切都不复存在，有的只是一片白茫茫。越走我心里越害怕，一把拉住二子的手说："二子，天快黑了，我们不能再往前走了，会摔倒的。我们往回走吧，附近有个亲戚，我们去他家吧。”

在汤汇镇后街三里路的村子里，有一家远门自家侄子，叫叶召生。他去过我们家几次，但我们从未去过他家，不知他家的具体位置。这次几乎无路可走了，只有盲目地去问去找了。也不知问了多少家，历经艰难，总算找到了。我们跨进叶召生家的大门时，天已黑透，他们家已点亮煤油灯多时了。夜深人静，我不能入睡，手摸腹中的胎儿，暗自念叨：“孩子啊，是形势逼着娘出来为全家人找安身之处，苦了你，更苦了娘，你要耐住在娘的肚子里，千万别添乱！”

离开曾油坊的第三天，我们顶风冒雪，翻山越岭，走回了双河。

一九六九年二月春节过后，我去了双河区政府，那时区里的干部都被打倒了，只有区武装部长在管事。我向他说明了情况，我问他，我们要回河南，需要办手续吗？他说，可以把工资关系和户口粮油关系带过去。我让老叶去办手续，他去到区政府和粮站，没有费事就把这两种关系的迁移介绍信拿到了。

正月十六，从河南商城老家来了十多个亲戚自家，他们肩担手抬，走一百五十里山路，帮我们把家搬到了现在的吴河乡曾油坊村。离开双河小学的前两天，同事熊发成老师听说我们要回原籍河南，专程从七十里开外的全军赶来送我们，对他的到来，我和老叶都非常感动。那年头我属于有问题的人，一般人都不愿接近我们，他却专程赶来送我们，这是多么难得的真情友谊！当时他边送我们边说话安慰我，从学校一直送到三里路外的老庙台，在通往商城的岔路上，他才依依不舍地与我们挥手告别。此情此景，至今我仍记忆犹新。

天赐女儿

一九六九年二月，我们全家被迫下放回原籍河南省商城县达权店公社曾油坊大队。我们住在大麦洼生产队的小湾子里，生产队有四小间空着的草屋，中间没有山墙，这就是我们的新家。

我们是彻底住在农村了。刚到，一切都在艰难之中，我还没能喘过气来。农历二月十八日清晨，也就是一九六九年的四月四日，我突然感到身体不适，肚子阵痛，小解时发现下面已流血。我意识到，要临产了。自怀上这个孩子以来，我的心理上和生理上都极度难熬。没有心思去做产前检查，也没有地方可查，胎儿的好坏，胎位的正常与否等，全都不知道，真的是听天由命。

离曾油坊最近的医院在汤泉池镇，离我们住地有七八里路远。汤泉池号称“大别山中第一泉”，天然温泉水温高达五十八度，四季流淌，清澈透明，不仅能洗浴，还有较高的药用价值。街上的几个温泉池常年免费开放，四周方圆数十里的乡邻，可以随意前来洗浴，享受温泉药水对皮肤的滋养和治疗。

我们刚回老家，人生地不熟，汤泉池镇上的医生也不认识。老叶上课去了，学校离这里有一里多地。到了这个时候，我只能躺在茅草房里，任凭肚子疼痛，下面流血。同村的侄儿媳妇吴玉荣是中年妇女，她问我要不要找乡村的接生婆。我想了一下，说不行，还是要找医生，快去找陈先生。陈先生是大队的赤脚医生，因为是男性，一般农村妇女生孩子是不找他的。侄子叶召前也来了，二话没说，拔腿就去找陈先生。他出门不远，碰巧遇到了汤泉池医院的曹医生到这边来巡诊。侄儿就和曹医生一起来了。快到的时候，又遇到了陈医生外出看病，两位医生一起来到了我家，两个都是男的，但我已管不了了。

曹医生进到屋里给我做了检查，他说：“还没有到时候，可能到晚上生。”他们收拾东西要走，我忙要侄儿媳妇给他们弄点吃的。吴玉荣给他们每人打了四个鸡蛋，就在他们吃鸡蛋时，我的阵痛发作了，疼得厉害，一阵接一阵，我咬紧牙关一声不吭。只一会儿工夫，一阵剧痛，哗啦一声，羊水破了，顺着羊水的流出，孩子的头快出来了。这时，我忙喊吴玉荣，曹医生闻声放下碗来到我的床前，孩子已经顺利地下来了。我松了一口气，曹医生忙说：“詹老师，你好狠啊，这么大的忍劲，我还是第一次见到。”说着忙收拾孩子。侄媳妇在一旁看着，向我报喜：“婶啊，恭喜你，是个小妹妹！”我听了高兴得流下了眼泪。我终于有了梦寐以求的女儿，这让我觉得在怀孕期间受的所有罪都值了。

孩子生下三天后，我下床到门口，跪在地上向苍天磕了三个响头。我感谢上苍赐予我一个可爱的女儿，她是我心中的“小天使”。

我生女儿比较顺利，主要是因为女儿的胎身小，出世时没称，估计只有四五斤。我在孕育她的过程中，不断遭受折磨、刺激，在惊恐不安的母体里，婴儿哪能健康壮大呢？不畸形就是天大的奇迹了。说也奇怪，环境那么恶劣，可怀她的十个月里，我从未生病，她在肚子里也从未折磨过我。在那破旧的草房里，她选择了在上午来到人世间，又是在医生要走的时候自己跑了出来，这就叫天意吧。

我给她取名“昭君”，她在叶家是“召”字辈。昭君美丽善良，是人们心中的天使。后来她爸爸叫她“君妹”，户口上叫叶君。

住的虽说是四间房子，可每间面积很小。一间做厨房，一间做饭厅，每间房子只能放下一张床。我们母子六人只能睡两张床。老大、老二睡一张床，我带着老三、老四、老五睡一张床，老叶去大队的学校住去。

即便是坐月子，吃得也差，糖和油都很难搞到。月子里我的脸、手和脚都肿了。奶水不多，质量也不好，但我还是用母乳喂她，她也不见长。满月了，我能吃饭了，奶水也多些了，她也好像长好了些，但经常生病，一病就发烧，一烧就是四五天不退，刚长出来的腮帮子，看着看着又瘦尖了。快到一周岁了，她还是经常发烧，并且一发烧就升级。只要烧到三十九度，就两眼向上翻，直抽筋，也就是医学上讲的痉挛。第一次我还在喂她奶，她猛地一松奶头，翻出白眼，同时嘴角抽动。我都吓哭了，不知所措，好半天才想到用手指掐住她的人中，过了一会儿她才好些了，我才松了口气。

从那以后，我倍加小心地呵护她，不敢让她受凉，不敢让她感冒。但越怕越有事，她动不动就发烧，一发烧就痉挛翻白眼。我想，她四个哥哥小时候也发烧，烧到四十度也没有痉挛过，为什么唯独她这个样呢？可能是在怀她的时候，受的惊吓和刺激太多。我最担心她是先天性的痉挛，要是那样，真是害了她一生，好在这种现象到五岁后就没有了。

第四章 ▎争来转机的七十年代

来之不易的猪油

回到曾油坊后，由于大量的人只搞革命，不抓生产，长期割“资本主义尾巴”，又一次造成了物资供应的长期紧张。一九六四年后物质丰富、供应充足的局面只能是美好的回忆了。

在曾油坊，没有猪肉买卖的集市，吃肉成了奢望。没有猪肉，更谈不上猪油了。相比之下，安徽由于搞了责任田，“资本主义尾巴”割得不彻底，集市贸易和副食供应比河南好很多，经常还会有猪板油在供销社里卖给群众。于是在金寨买猪油，成了我们家每年的大事情。

我托婆婆在金寨买，婆婆在县城，每年都想方设法为我买一坛猪油。当然，也是她老人家平日托人买，或是自己去菜市场一斤半斤地买，帮我们慢慢积攒起来的。到时候了，我就让大儿子去取回来，当然我都要按市价付钱给她。即便这样，我对婆婆也是感恩不尽，在那个年月，能帮忙买到猪油，是很大的人情。接不上趟时，我只有派大儿子到金寨去买。能够去的地方是金寨县的南溪和汤汇，汤汇离曾油坊大约一百五十里，是公社所在地，经常有腊猪油卖，碰巧也会遇到新鲜的猪油。一九七〇年时，大儿子叶鹏已经十六岁了，可以独立承担走远路购买的任务。每次都是天一亮就出发，晚上天黑透了才能到家，一天来回将近三百里，他也不叫累。有一次他到了汤汇，猪油卖完了。他不甘心空手回家，就问南溪是否有油卖，得到了肯定的回答后，他竟然又在当天从汤汇跑到了南溪。南溪到汤汇，有将近三十里，来回就是六十里，他也不在乎。那一次，他一天跑了三百六十里，看着他买回来的几斤猪油，我真心疼极了，忍不住流泪。

路途遥远，意外的事情也会多。刚到曾油坊，他非常不适应，还是喜欢条件更好的双河。他在双河考上了中学，有很多同学。我二姐和他几个很熟悉的表哥也还在那儿。双河离汤汇只有三十里地，有次他买猪油，竟然跑到双河玩去了，并且在那里待了好几天。他一出去就音信全无，这一下我可急坏了。那年头治安秩序很好，抢劫的事情没有听说，但他毕竟还是孩子，要是在路上天热下河里去洗澡，发生危险怎么办？我从天黑一直等到半夜，一会儿到门口看看，夜里也睡不着，关键不知他去了哪里。农村没有电话，何况还隔省隔县。到了第三天，实在是急不过，我让老叶进山去找他。老叶顺着去汤汇的山路走了八十里地，在四道河子的大山上遇到了他。一问，他跑到双河去了，真是可气。还有一次，他又没有按时回家，我以为他又到双河去了，哪知这次他是生病感冒了，到汤汇附近的亲戚叶召生家去住了两天。我又在家干着急了两天。

跳级上高中

到河南后，我们的工作稳定了，孩子的教育问题也出来了。首先是大儿子的上学问题。在生产队里，才彻底了解孩子求学有多么困难。学校已经复课了，最近的中学在沈畈，离家有五里。沈畈中学是中心小学，为了解决一九六六、一九六七、一九六八三届小学毕业生无处上学的问题，才设立了戴帽子的初中班。中学基本上停课了，老三届中学生都上山下乡了。农村本来就不重视孩子的教育，又受读书无用论的影响，很多孩子就此回家挣工分，沈畈中心小学的生源和教学质量可想而知。

虽然在农村，孩子也不能不读书。大孩子在这个戴帽子的学校里，显然“吃不饱”。还在很小的时候，大孩子就显示出聪颖的天资。幼儿园离家远，保姆要看二孩子，没有人送他去幼儿园，他就只有在家里玩。宿舍离教室很近，我教的又是一年级，他经常溜到教室来找小朋友玩。每天放学后，我总是留几个学生辅导、补课。他这时就溜了进来，自己在黑板上写写画画。我从未教过他，说来奇怪，他很快就会写阿拉伯数字了，还会简单的计算，并且写得很工整，老师们看了都说好。

大儿子五岁半时，我就把他放到我们年级组的金老师班上，让他听课试试。谁知他十分专注，十分好学。一年级语文课开始是拼音字母教学，声母韵母共五十四个，他学一个会一个，并能做到四会，全班能完全掌握的，就他一人。数学是全优，四个平行班共两百多个学生，没有一个人能超过他。他成了金老师的得意门生。期中发展少先队员时，金老师坚持要发展他入队。我是大队辅导员，按规定，九岁的孩子才能入队。我坚持按照队章规定不让他入队，金老师说，党章规定十八岁才能入党，可刘胡兰十五岁半不就入党了吗？情况特殊，为什么不可以呢？我只有尊重班主任的意见，发展他为少先队员。

大儿子到二年级时，就能够阅读报纸，看墙上贴的各种布告。那时，他的记忆力特好，不论多么曲折的路，只要走过一次，就会记得清清楚楚。从小学一年级到六年级，他都是第一名，没有人能够超过他。一九六六年夏天，他小学六年级毕业，各科成绩全优。

那时“文革”已经开始，但六安地区举行了初中考试，他以优异的成绩考进了新建的双河中学。

双河中学一九六六年刚建成，就在双河小学的山脚下，条件很好，老师都是从安徽大学和安徽师范大学毕业分配来的正规大学生，学生一律住校。任课老师都很喜欢大儿子。但好景不长，几乎没上什么课，学校就开始停课闹革命，一些老师还带着学生外出“串联”，叶鹏也跟着一起“串联”到了合肥。同时有更多的外地学生“串联”来到了大别山的深处，到处是“造反派”抓“走资派”的喧闹，小小的区政府所在地双河镇也整天是红旗飞舞，口号喧天，一片动荡混乱的景象。再以后，学校都停课了。一九六五年以前入学的初中生被下放了，一九六六年入学的这批初中生，则被退回到小学，进入戴帽子班级，叫七年级。河南和安徽都一样。

大儿子不愿上沈畈戴帽子的初中班，经常和我吵吵，要回金寨去读书。我心里清楚，全家已离开了金寨，去那边读书，是不可能的事情了。大儿子已经十五岁了，家庭的境遇使他变得非常懂事。刚回去时，我们都还没有教课，就每天参加生产队的劳动，割麦子、打场、插秧，他是七分工的劳力，样样都干，从不偷懒，乡亲们个个都夸奖他。除了参加队里的劳动，他还积极帮我做家务活，打柴、担水，连针线活都帮我做，甚至帮我纳袜底。我们家五个孩子，穿袜子是一件大事，男孩子穿袜子费，棉袜子需要上底才能穿得久，他就在家里帮我纳袜底。邻居大嫂子笑话他：“哪有男孩子纳袜底？”他说：“有什么办法呢？我们家男孩子多，妈妈太忙，我是老大，我不帮妈妈谁帮呢？”即便如此，他还是经常在家里找了一本不知是谁丢下的老式代数书，吭哧吭哧地自己做习题。我坚持让他和弟弟叶鸣两人每天照一本柳公权的字帖练正楷毛笔字，没有纸，就写在旧的《红旗》杂志上。几年下来，他和弟弟都写得一手好毛笔字。他还和弟弟叶鸣经常翻读一本由郭沫若主编的《毛主席诗词解释》，背那里面的诗文，不用多久，他们俩就将毛主席所有的诗词倒背如流了。看到孩子这样懂事，我非常心疼，害怕耽误了他的前程，心里很着急。但当时学校不招生，谁也没办法。

大约过了半年，一九六九年夏天，商城县达权店中学（也就是以后的商城二中）校长花金南有事路过曾油坊，不知道是什么原因，他到曾油坊小学来看了看。我热情地接待了他，和他聊了起来。我们说了很久，说得最多的是孩子的学习问题。他透露了一个消息，他这次下来是想了解一些情况，达权店中学准备试办"五七"高中班。这真是一个意外的喜讯，我想让儿子重回校园心切，竟然不管花校长要办的是高中，就冒昧地问他入学需要什么样的条件，他说："当然是初中毕业。"我又问："同等学力行不行？"他说："在校的不行。"我说："特别优秀的行吗？"他说："那也不行。"我当即拿出孩子的作文、书法，还有他做的数学题给花校长看，又详细地介绍了大儿子过去的学习情况。花校长此前是许昌高中的教导主任，很有水平，但因为家庭出身问题，被打发回了老家商城县六甲畈，和我们下放的大队是邻居。过去我和他不相识，第一次相见，就向他提出了这样的请求，真不知他会怎样答复我。

花校长仔细翻看孩子的作文、书法及数学解答，最后竟然满意地点点头，答应收下我的大儿子上高中。我真是高兴极了，非常感谢花校长，因为孩子当时并不在场，花校长并没有目测或做其他的测试，只是出于对我这个做母亲的信任而破格收他上高中。为了表示我的感谢之情，我留花校长在家吃顿便饭，临走时，我还送了一包在当地山上采摘的茶叶。我是真心地感谢花校长，那天对我来说真是太美好了。

晚上孩子从戴帽子中学回来，听到这个消息后兴奋不已。接下来的一周他自个去了达权店中学上学。达权店中学在公社所在地，离曾油坊有三十多里地，中间还要过两条大河。他以前也没去过，家里也没人陪他，他就自己找到达权店中学，找到花校长报了名，从初中一年级一跃进高中。

在我心里，想得非常简单，公社的中学一定比戴帽子的小学好，在达权店的前程一定会比在沈畈强，孩子在那里一定可以“吃得饱”，孩子有学上最重要。至于这个跨度有多大，孩子能否跟得上，我一点也没考虑，也不担心。我对大孩子有信心，他学习用心，一定能跟得上。

小天使的伤痕

大孩子去三十里地外的中学读书了，每个星期只能回来一趟，做家务带弟妹的事情指望不上他了，我失去了一个重要的帮手，这是没有办法的事情。更麻烦的是，刚过一九七〇年，老叶不能留在曾油坊小学了。在这个只有三个班级、复式上课的乡村小学里，容纳不了两个公办教师，他被调到了沈畈中心小学。沈畈离家五里地，老师要求住校，除了周末，平时不能回家。两个最重要的劳动力都走了，教学、家务和带孩子的重任全部压在了我的身上。我最重要的帮手就变成了二儿子，也只有他能帮我做点事，下面三个小的都是需要照顾的对象。

我是唯一的公办教师，成了这个学校的掌门人。学校的内外事务都需要我来考虑安排，家务和孩子也需要我来照顾，工作和生活的重担压得我喘不过气来。每堂课都要我上，每本作业都要我批改。一天三顿饭，顿顿要我烧。菜地要我种，否则就没菜吃，在农村也买不到菜。四个孩子的衣服要我洗，破了要我补。生活的鞭子，把我当作了陀螺抽打，每天都转晕了头。

为了工作，我还得与亲朋好友来往，也就是要应酬。刚进入一九七〇年的冬季，大队长詹远炳生病了，他是我远房的哥哥，平时对我的工作和家庭都非常关心和照顾，他病倒在床，不看看总是说不过去的。他家离学校有六里地，都是山路，平时要去还抽不出时间，这天晚上老叶回来了，第二天吃过早饭后再回沈畈学校。天刚亮，我就起来了，悄悄地离开孩子，轻轻地对老叶说："我去看望詹远炳，你起来后自己做饭吃。吃过饭后，小君子醒了，就把她穿起来，我速去速回，回来了再给她喂奶。"我到詹远炳家坐了一会儿就心急如焚地往家赶。一进门看见他在给女儿穿衣服，我闻到了一股糊味儿，一看发现女儿的棉裤在冒烟，我赶紧抱过女儿，解开她的棉裤，一个红火炭正贴在她的腿上。冬天孩子的棉裤经常会被尿湿，晚上家里生了炭火为她烘烤棉裤，也不知怎么的，棉裤竟然粘上了火炭。女儿的腿被烫红了一大块，已经起泡了。孩子太小，早上还没有完全醒过来，对烧伤的疼痛还没有反应，等我喊起来，她才哭。我懊悔不该一早外出，不该让她爸爸给她穿衣服。他一生粗心大意，从未照料过孩子，只指望他这一次，就把孩子烫伤了。孩子疼痛难忍，哭叫不停。女孩子皮肤太嫩，立即医治也还是发炎溃烂了，好了以后留下了疤痕。人长疤痕也长，女孩子爱美，腿上有个疤痕，夏天怎么穿裙子？很长时间，我对这件事一直耿耿于怀。

相继生病

回曾油坊那年，二儿子叶鸣十二岁，上五年级；三儿子叶鹤七岁，上二年级；四儿子叶鸽四岁，没上学。

曾油坊大队小学有五个年级三个班，五年级是个单独的班，一、三年级和二、四年级各为复式班。两个年级合在一个班上课，这个年级上课时，那个年级做作业或看书。我包二、四年级班，三儿子就和我在一起上课。每当我上课的时候，老四就站在教室外面，不乱跑也不捣乱，日复一日地站在教室外面，乖得让人心疼。

繁重的教学任务和家务使我顾不上细心地照料每一个孩子。刚到一个新地方，孩子还有些水土不服，过了不多久，老三和老四都开始生疮生病了。先是老四的头上长疮，他的额头上生出一个个小水泡，接着就开始不停地淌黄水，淌到哪里就坏在哪里。黄水里还有一股很腥的气味。与此同时，人也慢慢在消瘦。

曾油坊大队只有一个医疗室。他们治疗了好久，老四头上的疮也不见好。我很着急，只好到处打听，托人找来单方。下了课，我就抽空把他拉到跟前，给他洗疮抹药，这种疮很顽固，我用这个单方连续洗抹了几个月，才使它彻底被根除。头上的疮刚好，我发现他的脸和腿有些浮肿，他也不吭声。我觉得他这个病很危险，不能拖，就请人为我代课，我带着他步行三十多里地，到县城医院去检查。一诊断，发现他得了急性肾炎。医生说，急性肾炎除了服药外，最好忌盐。为了让孩子好得快些，我就狠下心来不给老四吃盐，听话的小鸽子每顿都吃淡菜，从不问我要盐，我心疼得直流泪。不吃盐还真灵，不到一个月，他的急性肾炎就好了，后来再也没有犯过。

这边老四的病还没好，那边老三也出了情况。一九六九年夏天，叶鹤也生了很多疮，其中有一个大包正长在屁股上，红肿得像个大苹果。上课时他不能坐，只能站着听、站着写，但他从不喊疼。去大队医务室看，医生说要开刀，把血和脓放掉才能好。他听了二话没说，就往床上一趴，让医生给他开刀。大队医疗室条件太差，医生没用麻醉药，直接用剪刀划开，把里面的血和脓全挤净。挤完血和脓后上药的过程中，我看他好几次闭上眼睛，一声不吭，紧咬牙关。他小小年纪就这么能忍耐，这是我没想到的。手术完后，医生也夸奖了他，说他勤劳勇敢又坚强。

那会儿问题最大的还是老四，他又患上了肚子痛的毛病，一疼就吐，一吐就是几天，茶水不进，什么药也止不住。小鸽子再吐，再不吃，他也从来不哭，只是像霜打过了的树叶，低着头依偎在我身边，特别让人心疼可怜。这么听话的孩子，为啥得这种难受的病呢？我在河南到处请人看病，县医院也去过了，还是不能根除，我也只能干着急。一直到一九七四年，我家搬回了金寨县城，我才找人把他的这个病治好。

抱着妹妹上学

孩子多有时也有好处，大孩子走了，二孩子还可以顶上来，不管他是否愿意，也只能这样做了。

大孩子去上中学了，十三岁的二孩子就成了我的重要帮手。他要打柴，这项工作星期天老大回来可以一起做。他要挑水，要帮助我做饭、种菜地，还要洗碗，等等。所有我平日顾不上的事情，他都要帮我顶上。有段时间，我们住在离学校一里地的大麦洼村，每天他都是最后离开家，把家务事做完才动身到学校去上学。每天放学后，他总是最先到家，把火生起来，把饭做上。然后在那里择菜，等我回来做。

他到学校后不是上课学习，而是带妹妹。家里每个月挖东墙补西墙，根本请不起人，也请不到人来带孩子。老三只有七岁，他带不了妹妹，我也不放心。除了婶娘有时来帮忙外，带妹妹的任务主要就落在了老二头上。他每天只能保证听一堂课，就是数学课。我每天的课是全满的，一堂也不能落下。为了保证他能上数学课，我总是抢先把女儿喂饱，然后放在摇篮里哄睡觉，趁着她睡着了，老二才能去上数学课。数学课不能不听，语文课上不上就只有看他妹妹睡觉的情况了。

大多数的时候，他都是抱着妹妹，或是在外面玩，或是站在窗口听一听，有时抱着妹妹进课堂听课。他做作业的时候，大都是晚上妹妹睡觉了以后。每当我看到二孩子因为照顾着孩子，不能上课，或是站在窗外听课的时候，心里很不是滋味。为了这个家，只有暂时牺牲他了。

二儿子天资聪颖，记忆力超人，很有爱心，小小年纪就对弟妹们爱护有加，从不打骂弟妹们。虽然因为照顾妹妹每天只能上一堂完整的课，但他并没有放弃，抱着妹妹也在听课，自己看书处处留心，作业从没落下。他五岁时就喜欢听人说书讲古论今，再大一点就迷上了看小人书，七岁起就会查字典，连猜带蒙地看起了长篇小说，十一岁时已经看完了“文革”前出版的主要小说，如《林海雪原》《苦菜花》《保卫延安》《青春之歌》《红旗插上大门岛》《阳光灿烂照天山》《红旗谱》《创业史》《上海的早晨》《奥得河上的春天》《钢铁是怎样炼成的》等。

在双河小学时，条件较好，学校图书馆收藏了很多图书，有科普书籍，也有各种文学读物和期刊，他没事时总是溜进学校的藏书室去翻书阅读。“文革”开始后，“造反派”到处冲击，学校的藏书室也被抄了，“文革”前的文学读物被当作“毒草”大肆损毁。在学校藏书室被抄的当晚，十岁的叶鸣悄悄溜到大门洞开的藏书室楼上，在一片狼藉中找到了一些他平时爱读的文学书籍和科普刊物，偷偷地搬回家，如获至宝地藏起来。这些书籍刊物包括《十万个为什么》《人民文学》（1962—1965）、《奔流》（1964—1965）、《小学生作文选》《中学生作文选》《大鲸牧场》《黑龙湖的秘密》《三里湾》《红玛瑙集》等。后来，这些文学书籍和科普刊物又被一起带回了曾油坊，成为他和兄弟们日后的精神食粮。

一九七〇年，妹妹学会了走路，可以自己玩耍了，叶鸣考上了中学。他是全学区第一，为了就近，他每天来回步行十多里地到沈畈上学，这才结束了每天只上一堂课的窘境。他去沈畈上学，每天早出晚归，早上挑满了一缸水，帮我做完了家务事才动身出发。晚上回来，帮我做饭、种菜、择菜，还要上山砍柴，准备做饭的柴火。学习对于他来说，只是做完家务后的副业。

一九七一年，大儿子回到金寨梅山去读高中，只有十四岁的他就成了家中的老大，他担起了取猪油的任务。这时往返的路线更远了，从我们居住的曾油坊要步行到金寨梅山，单程有近二百多里山路。他半夜四点多钟就离开家，翻山越岭，在当天下午五点以前走到离梅山还有近二十多里地的水库渡口，坐上最后一班人工摇橹的摆渡船，才能在当天天黑时到达梅山县城奶奶家。每次他都不休息，第二天就返回曾油坊。

一九七二年十二月，他初中升高中，河南省调整教育政策，举行了“文革”后的首次由各县命题的统一考试。他写的命题作文《下乡或下厂见闻》，被商城县教育局改卷评分老师一致认为是全县考生中写得最好的。阅卷的高中语文教研组长毛先耀老师后来告诉我，他看到这篇文章后击掌称好，禁不住当场高声朗读起来。

他的数学成绩也很优秀，在全县所有考生中，名列第一，这在他就读的沈畈中学曾轰动一时。二儿子应了我当初给他取的名字，在以后的岁月中，屡屡取得“一鸣惊人”的成绩。我的孩子个个优秀，这是我作为母亲一生中最为高兴和自豪的事情，这也成为我不怕困难、拼死拼活的强大动力之一。

二儿子一九七三年一月被商城二中录取，在那个学校就读了一年，他的各科成绩平均在九十分以上，是老师的得意门生。

突然到访的孙校长

大儿子从初一一下子跳到了高一，实在冒险，在整个社会都认为“读书越多越反动”的年代，努力让孩子重回校园的举动表明了我们家对读书的喜爱和重视。孩子们到了学校，并没有人给他们压力，他们却都很努力。那时候，不读书是不会受到指责和批评的，读书反而会受批判。

达权店中学过去是县重点中学，师资条件好，很多教师都是过去的教学骨干，这次的实验班只招了一个班，招来的学生大都是六八届初中毕业生，只有叶鹏是例外。六八届初中毕业生也只是上了初中一年级，从水平上来说，叶鹏和他们的差距并不大。当时领导层的意图，也只是把这个班作为落实“五七”指示的试点，实际还是注重学工、学农、学军，并不注重学习文化。反而是一提起上文化课，人人都有点心惊胆战。在这种大环境中，即便高中班办起来了，也很少有人摸书本。但叶鹏的感觉不同，他认为，他是老大，他的弟妹多，他家无权无势，母亲还有所谓的历史问题，在这个社会上，他不可能受到重用，只有学习才是他的唯一出路，只有学习好、表现好，人家才会使用他、利用他。他能做到的，就是让人必须使用他。

他的压力来自他自身和家庭的困境，压力使他早醒，每天早上四五点就起来了。太早了，没有灯，一片黑乎乎的，想学习也没有办法，用电筒学习需要花钱，他觉得付不起这个钱，又没法看书，就为学校的厨房挑水。那时农村的中学也没有自来水，还是吃井水。偌大的一个中学，老师和学生也只有五十人左右。他往往挑十几挑水，把厨房的水缸挑满天才亮，这时他才去看书学习。晚上的教室也只有他一个人在那里看书做数学物理的习题。这种情况在一九七〇年实在是太扎眼了，那时候，学“毛选”可以，学文化课则不可以，有的人认为他是要走“白专道路”。果不其然，不久就有老师过来看他，暗示他要学毛主席的书，要注意不能走“白专道路”。听到这些话后，我们也非常担心，我多次提醒他，要他注意。可他求知心切，不肯听劝，依然我行我素。

由于他每天都起早为学校厨房挑水，并且坚持不断，学校的老师和职工都认为他是在学雷锋、做好事。这样的人刻苦学文化课，也属于“又红又专”。因而他学习文化课的行为并没有真正给他带来麻烦，反而落下来个好名声。即便如此，我的所谓的历史问题也成了影响他的重要因素。他品学兼优，但是参军没有他，招工也没有他。我非常苦恼，这个影响了我一生的问题，又开始影响孩子了，这怎么得了！

也就是大孩子去读高中不久，一天中午，突然有人来找我：“詹远英老师在吗？”我很奇怪，谁会这样喊我？出来一看，面孔有点熟悉，但叫不上名字。我一问，非常吃惊，原来是我在双河工作时，一九六三年带着十一人听我讲示范课的金寨县南溪区汤汇小学的孙校长。他到商城县办事，不知怎么听说我全家都下放到了农村，就特意转道来看望我。我带他参观了曾油坊小学，一共只有三个教室，要上五个年级的课，还有一个很小的院子。学生的课桌都是破破烂烂的，桌面上的裂缝很大，孩子的拳头可以伸进去。看到我的工作环境与条件如此之差时，他十分感叹。他说：“詹老师，你是金寨县的优秀教师，对金寨县的教育事业是有贡献的，你不应该受到这样的对待，金寨县应该召唤你回去才是。”听他说了这番话，我十分感动，落下了眼泪。我万没想到，在数百里之外，还有人记得我，还有人专门来这个偏僻山村里看望我，说出令我掉泪的话。要知道，金寨县和商城县，分属于两个省，两个行政大区，孙校长能来一趟，实在是太不容易了。

老叶那天正好在家，我对他说：“老叶，你赶快把我们家的那只公鸡杀掉。”那天的午饭吃得实在是伤感而激动。

“到了来个信”

孙校长的突然到访，使我对自己的过去和现在又进行了新的思考。

金寨县是革命老区，一九二九年，先后爆发了立夏节起义和六霍起义，成为鄂豫皖革命根据地的核心区，《八月桂花遍地开》这首歌曲就是从此地唱遍全国的。新中国成立后，有五百多位来自金寨县的老红军在中央和各地担任重要职务。金寨县是安徽省最大的库区县。全国著名的治淮骨干工程，梅山、响洪甸两大水库，都在金寨境内，经济和社会发展比商城要先进。更重要的是，我的历史在金寨创造，我和丈夫都把青春献给了金寨的教育事业。无论那个历史结论对我如何不公平，金寨县教育部门的领导对我是了解的、认可的。而商城虽是我们的老家，但我是在教育工作的最底层，工作地点也非常偏远。我无法找他们申诉，因为我的历史问题结论不是他们做出的。在这里，我不能翻身，我的孩子也不能翻身。我已经没有精力和时间再来表现自己、证明自己了。

思来想去，我觉得只有回金寨才能继续申诉自己的问题，才能减轻对孩子的影响。可再回金寨眼下无一点可能。大孩子又已经十七虚岁了，马上就要涉及就业和前程问题了，能不能把大孩子先送回金寨读书？

一九七一年夏天，“文革”进入后期，教育政策也在调整。我了解到金寨中学开始招生了，校长是解祝三。解祝三从六十年代开始一直担任金寨县教育局局长，他对我的情况非常了解，对我的印象也非常好。县城的中学肯定要比公社的中学好，更重要的是，解校长了解我，孩子进校后不会受到歧视。我婆婆家也在县城，梅山还有我们家的房子。我把想法告诉了丈夫，很快就得到了他的支持。农忙放假开始后，我利用假期，只身步行去了金寨梅山。

到了婆婆家，我向婆婆及陈爷爷说明了情况，想把孩子的户口放在他们家，让孩子在金寨中学读书。特别强调孩子不要他们抚养，我们会每月按时给生活费，孩子平时住校，星期天回来还可以帮奶奶干活。爷爷和奶奶都很喜欢我的大儿子，他们商量后，同意接收孩子的户口。

我去找解祝三校长，他听明我的来意后，当场答应接收我的大孩子入学，并表示秋季开学时即可转来。事情进展如此顺利，出乎我的意料。我感动极了，这么多年了，老领导还是没忘记我。接着，我和婆婆一起去梅山派出所联系转移户口事宜，一切商议好了，我拜托我的老友、金寨县教委人事干事王忠瑜，帮我办理户口转移的事情。不到一个月，王忠瑜就把梅山派出所的接收证明寄过来了，我准备好行装，让孩子去金寨一中就读。

从曾油坊到金寨梅山大约二百里地，一天是到不了的，还需要在路上住一个晚上。一九七一年秋天的一个傍晚，大儿子挑着一副担子，内装被子、衣服等，带上一路吃的干粮，准备去他父亲工作的地方沈畈小学，从沈畈小学出发去梅山还有七八里地，第二天清晨出发时，他父亲还会送他一程。我一直把孩子送到离家三四里地的寒冲岭的山脚下，他父亲在山头上等他。我们用呼喊对话，知道他父亲已经在山上了，孩子就一人上山了。我站在夜雾蒙蒙的山脚下，望着孩子远去的身影，忍不住的泪水像断了线的珠子大个大个往下掉，哽咽着说出一句“到了来个信”。

终于病倒了

现在的年轻人，无法想象和体会，二十世纪七十年代以前的母亲究竟有多辛苦多累。子女多是辛苦和劳累的原因之一，而物资的匮乏又加剧了辛苦和劳累的程度。

从一九五四年开始，国家对粮油棉实行计划供应，吃饭穿衣都靠粮票、布票。随着孩子的增多和长大，发的布票早已不够孩子的穿衣。我记得有一年，每人才发一尺半布票，这一尺半的布能做什么呢？没有化纤类布料，穿不起机器制作的鞋子，布单鞋都得靠自己做，也得用布。穿线袜要上底，都要用布，连买袜子也要布票。别看袜子是小事，那时只有线袜卖，孩子穿上脚，两天就破了。俗话说：“袜子不上底，穷人穿不起。”上了底可以穿得长一些，也可以保暖。“人冷腿，狗冷嘴。”让孩子们穿上保暖的袜子和鞋子，在寒冷的冬天，也就暖和多了。那时做袜底和鞋底的布，都是用旧布和买来的破包皮布。有好些的包皮布就给孩子拼拼补补做内衣或做袄里子什么的。衣服总是大的穿了给老二，老二穿了给老三，直到不能穿为止。

布票有限，只有想办法自己种棉花。无论是在双河，还是后来在曾油坊，凡在农村小学，为了解决老师日常的吃菜问题，总会有一些菜地。我就让老叶和孩子开一片过去没种的荒地，自己动手种棉花，收了棉花找人加工成棉纱，再织成棉布，也就是土布。土布可好了，虽然粗糙，但可给孩子做内衣、做被里，棉花可以絮棉袄、絮棉被，由此把布票节省下来给孩子们买外面穿的衣服。

为了让孩子们穿得整洁，我几乎每天晚上都在缝补。在备完课、批改完学生作业之后，每天必做的事情就是在煤油灯下，一针一线地为孩子们缝补衣服。几个男孩子顽皮好动，衣服袜子破得特别快，每天至少要缝补两三个小时，有时甚至缝到鸡叫，那时就觉得这针线活好像永远也做不完。不仅平日做，每年的寒暑假，除了参加学习、教研工作外，其余的时间全用在为孩子们做鞋子、做袜子、做衣服、补衣服上面。假期里这样做，是为开学后能全身心投入教学工作做好充分的准备。

手工太慢，但缝纫机我们家买不起。大孩子也是看我太忙了，才帮我纳袜底。直到七十年代后，我才有钱买了一台缝纫机，有了机器，给孩子们缝补也就快多了，我也节省了很多时间。除了缝缝补补外，洗衣服也是一大重任。男孩子们活动量大，夏天要一天一洗，冬天也要一星期一洗。为了不影响工作，夏天我总是在凌晨四点起床，把衣服洗好，五点去河里清洗干净。天亮了，别的老师刚起床，我的一筐衣服已经洗好晾好了。冬天我总是在星期天洗，一洗几个小时，男孩子不能帮我忙，全是我自己来。

我家孩子虽然多，衣服比较破旧，但我总是补得平平展展，洗得干干净净，孩子们穿在身上，显得很精神，从没有邋遢寒酸相。看着他们很精神地上课和外出时，我心里非常高兴。

在曾油坊，文化生活贫乏极了。一年半载电影队才能转过来放一次电影。孩子们个个都喜欢看电影，每到这时，他们欢天喜地，而每到这时，又是我最忙最累的时候。农村放电影都是在露天，并且要等社员们吃过晚饭，很晚才能开场。每逢这个时候，我总是早早地让老三先去找个地方把凳子放好，占个较好的位置。吃完晚饭后，我手牵一个，怀抱一个，把两个小的送到场地，要大的照看小的。我还要抽空回去几次，摸摸家门是否锁好了，检查是否有小偷来。有时事情没做完，或是作业没改完、衣服没补好，我还要在家继续做事或批改作业，等电影快结束时，我再去接他们。那时孩子太小了，有时看不懂，看着看着就睡着了。我不敢把孩子一个人放在家里睡，就只好一直抱着，直到电影散场。孩子压在我身上，时间久了，腿伸不直，腰也伸不直，全身都麻木了。

在曾油坊，我是越来越忙，越来越累。老叶调走了，大孩子上学走了，二孩子上学也走了，我一个人带三个孩子，整天晕头转向，我就是有三头六臂，也承担不起这么重的担子。一九七二年夏天，我的坐骨神经疼发作了，腰疼得伸不直，腿疼得不能走，终于到了不能坚持上课的地步。大队赤脚医生治不好我的病，给我开出病假条，要我请假到县医院治疗。无奈，我请来了婶娘，请她帮助照看孩子及家庭。我让亲戚帮我找来辆架子车，拉了三十多里地，把我拉到了县医院看病。

到了县医院，我又找了我过去的同学，商城县文卫局会计唐志平，请他帮助联系医生、找床位，直到把我安排好。一九六九年刚回到商城时，为了办理公费医疗的事情，我去了趟县城。我在商城县里没有什么熟人，到处找，才到了局本部。在局本部突然听到有人喊我，“你是詹远英吗？”我很奇怪，这里我没有熟人啊，我看了看他，不认识，我非常茫然。喊我的中年男子说：“前两天我看了你的公费医疗证上的照片，就认出你来了，你还是那个老样子，没变。我们是一九四七年在商城中学的同学啊，我叫唐志平。”我们讲到了当年上学时的情况，以及其他同学的情况，我才确信，他真是我的老同学。我之所以会这样茫然，是因为当年男女分坐，大家互不说话，我对他几乎没有印象。

住了几天医院，病情仍未好转，县医院的赵大夫要我转院到郑州去治疗。我想了想，郑州不能去，那里我没有一个熟人，没有人能帮我。我要求去金寨治疗，医院同意了。我的同学帮我办理了转院和记账手续。老叶带着女儿，和我一起坐车转道去了梅山。在梅山，婆婆和陈老爷子一起帮我联系医院和医生，大家齐帮忙，让我住进了医院。给我治病的医生是从省城下放来的，医术和医德都很好，他检查后认为，我是劳累过度导致椎间盘突出而直不起腰。经他治疗两个疗程后，我的腿能走路了，腰也好一些了。情况好一点，我就待不住了。家里还有孩子，老四肾炎未好，老五最怕发烧，还有学校的事情，一个人一个班，我病了没人给学生上课，影响学生的成绩，对不起学生。婆婆和陈老爷子都劝我，医生也要我继续治疗，但我归心似箭，独自一人坚决地乘车转道回曾油坊了。

叶鹏参军

一九七〇年，大孩子叶鹏在达权店中学高中实验班里读了一年，这个班便停止了。当时社会所面临的问题已经不是老三届学生的上学问题，而是如何解决比他们小的学生们的入学问题。这个实验班的招生对象错了，因此夭折。但停这个班，就是为了让新生进校。大儿子本来就属于新一批招收学生的范围，他在学校表现好，品学兼优，学校就让他重新进入新的高一就学。这样，他读了两次高一。

一九七一年，在他第二个高一下学期时，他从达权店中学转学到金寨中学，金寨中学高中也是一个班。政策有规定，一九五四年以前生的城市户口初中毕业生一律下放农村。一九五五年以后出生的城市户口的初中毕业生，才能上高中。他们高中班的学生基本上是一九五五年以后出生的孩子，叶鹏去了后，成了年龄最大的学生。没想到这个政策给以后大儿子参军带来了难得机会。

一九七一年底，金寨一中解祝三校长再次调任县教育局局长时，还和大儿子说要好好读书，你最有希望上大学。那时候批极左思潮，已经在酝酿恢复大学考试的问题。

远离父母，寄居在爷爷奶奶家里，使大儿子叶鹏的危机意识更加强烈，他更加用功刻苦地学习。刚到金寨中学时，河南和安徽两边的课程设置和进度都不相同，如物理，达权店中学没开课，金寨一中在县城，进展快。结果期中考试的时候，只得了二十多分，全班最低，遭到了物理老师的好一通批评奚落。后来老师知道他没上过高中物理，态度才好点。但是到期末的时候，大孩子的物理就考了一百分，全班第一。老师破例给他学期总评分九十分。大孩子知道，仅仅凭文化课成绩好还不行，会被别人说走“白专道路”，在学校里也不能不读书，他就经常读马列毛的书，这样再读文化书的时候，别人就不会指责他了。刚去不久，有次老师晚上去教室检查，偌大的教室灯光通明，只有他一个人在自习。老师看了看他的书，发现是列宁的《国家与革命》，什么都没说就走了。大孩子的作文很好，每篇作文几乎都被老师当作范文。高二的时候，学校还成立了“山花墙报编辑部”，他是学生编辑。

他在学校积极要求进步，团组织要发展他入团。我给校长王立炳写了一封信，王校长也是我的老上级、老熟人，五十年代在一个团支部过组织生活。没想到他还给我回了一封信，告诉我，大孩子在学校表现很好，组织上正在培养他，让我放心。接到王校长的信，我很感激，也确实放心了一些。

大孩子懂事早，在金寨读书那会儿，家里经济困难，虽然我们每月都给他寄钱，但他在学校省吃俭用，总是拣最便宜的菜买。长期下来，他得了低血糖，有天早上出操，跑着跑着，他突然叫起来了："老师，我的眼睛什么也看不见了。"老师赶紧扶住他，过了一会儿才好。到医务室检查，医生说是营养不良造成的。为了弥补经济上的困难，每到星期天，奶奶给他联系小工做，也还有点收入，但他还是一分都不花。一九七一年春节，爷爷奶奶回山东老家探亲，他看家，做了一个假期的小工。一九七二年暑假他回河南，把他做小工赚的七十元钱都交给了我，接到孩子的钱，我难过地哭起来了。

本来他是铆着劲要考大学的，但因为张铁生交白卷的事情，政治风向又开始变化，大学不给考了，实行推荐。学生毕业又面临下放锻炼。当年十一月份，征兵开始了。部队征收应届高中毕业生，他们班梅山城镇户口的毕业生，从年龄上计算，符合要求的只有三四个人。他表现好，字也写得好，他的户口在爷爷家，爷爷是老干部，所以他早早地就被部队接兵的首长盯上了。但因为我的所谓的历史问题，南京军区的通信兵岗位不能要他。通信兵搞无线电侦听接收，对政治背景要求特高，直系亲属不能有任何历史问题。当时，我正在梅山治病，带兵的首长特地跑来说，真可惜，我们带不了他了，浙江的部队会要他的。我的心里非常难受。浙江的部队是陆军，要的人多，在全县征了大约八百多人，大儿子身体检查合格之后，带兵的同志就抓他的公差，要他去帮忙抄写东西，对他的印象也非常好。一九七二年十一月，他参军到了浙江陆军第二十军的高炮部队，驻在江苏宜兴市的川埠镇。

努力回金寨

一九七二年，我们全家在商城老家已经三年多了，这些年，我一直在想，我到底有什么历史问题？我的历史是清白的。我觉得，组织上给我的结论是错误的，同时在运动中，还不断地被升级，株连了我们一家人。

那时常讲：哪里有压迫，哪里就有反抗。我无力反抗，但我不服，我到处喊冤，我要向党和政府说清楚，讨个说法，还我历史的本来面目。但是，我的历史问题结论不是商城方面给我做的，我没有理由找他们，要求他们。要弄清事实必须回到金寨。刚好我是清理阶级队伍时下放的，算是遗留问题，我有理由找金寨方面落实政策。再者，我在金寨是受到各级组织重视的，曾油坊农村的条件这样差，把四个儿女窝在这里，以后会耽误他们的前程。

随着女儿的长大，我也渐渐地有了时间和机会去金寨走动了。我就和老叶商量，提出回金寨的想法。他先是不吱声，后来说："到哪都一样。"再往下说，更使我难以接受了。他说："我在商城不错，不愿走。"他一直在条件比较好的沈畈中心小学工作，负责后勤，又不带孩子，当然是很舒服了。我说："你想过我的问题没有？你想过孩子们的前途没有？"说急了，他说："你走你的，我不愿意跟你一起工作。"我说："为什么？"他说："和你在一起太累了。"他是老实人说老实话，跟我一起是累，有五个孩子的家长能不累吗？我觉得与他说不清，要想走，还只有靠自己。

一九七三年放暑假后，我带着二孩子，背着小女儿，娘儿仨一起走上了去金寨的山路。为了节省路费，我们不坐车，女儿有时走一会儿，我和二孩子轮流背着她，逢山翻山，逢水过水。二百多里，至少有七八座高山，其中都是崎岖不平的山路。我们过了商城的苏仙石，走在去金寨皂河子的路上。夏天天气变幻无常，天突然黑了下来，紧接着就是电闪雷鸣，大雨倾盆而下，我们娘仨急忙跑进路边的一户人家躲雨。这家有三口人，住有三间茅草房。我们娘仨进去后，草棚立即就很拥挤了。外面雨下个不停，天快黑了，河水也越涨越大，我心急如火，今晚过不去河咋办？我想马上就动身。二孩子心细，他对我说："妈妈，我看不能过，妹妹见了害怕，要是她在河中间急得翻了白眼怎么办？"我一想也是，不能连怕带急让她犯病，于是我决定不走了。我与这家人的主人好商好量，他们终于同意我们娘仨在家里过夜。过夜其实并没有地方睡觉，只能坐一夜。也没有吃的，那时粮食极为困难，没有吃的可提供，大家都能理解。我们带的有一点干粮，我向主人家要了点水，让孩子们吃了点干粮。

夜幕来临了，女儿先睡着了，我将她放在主人家的小桌子上，二孩子坐着坐着也睡着了，那年他才十五岁，我让他趴在桌子旁边睡，我在一旁守护着，不时地给他们扇扇子、赶蚊子。就这样熬到了天亮，我喊醒了两个孩子，谢别了主人，蹚过洪水消退后的小河，继续赶路了。

当天下午，我们赶到了金寨梅山，在婆婆家住下后，我就去县里找有关领导。一九七三年，党委还没恢复，县革命委员会负责工作，政工组主管组织和宣传，组长就是老上级汪显福同志。五十年代时，我们在一个团总支过组织生活，他对我在金寨的一切都比较了解。看见我很意外，"詹远英，你怎么来了？"我把我的问题都向他作了汇报。一九七三年，正是中央批极左思潮、调整有关政策的时候，金寨的教师队伍也是奇缺，汪显福同志满腔热情地欢迎我回金寨。他说："你回来，我们欢迎，你是有教学经验的老教师，又是带着委屈回去的。"又说："我马上给商城方面去函，要你回来。"

不久，金寨县向商城方面发来了第一份商调函。第一次出征就旗开得胜，我高兴极了。马上去梅山一小找我的老上级、老同事钟读绪同志，他仍在梅山一小当校长。听到我的要求，他立即表示，欢迎我到梅山一小工作。我知道梅山一小是县标杆单位，要求高。我怕我孩子多，来了工作会受影响，对不起接收我的老领导，就又去联系了梅山四小。梅山四小的领导也是老熟人，他们也表示欢迎我去工作。有了两个接收单位，我的心踏实了，这才带着两个孩子高兴地返回商城。

来自商城的阻碍

接收方不成问题了，商城能否放行还是个大问题。

首先，要统一家里人的认识，丈夫老叶主要是怕麻烦，我真的行动起来了，他还是会同意和支持的。其次，要做大队领导的工作，主要是表明我们家和我个人面临的实际问题和困难，争取他们的同情和理解。他们虽然无权，但也可以帮我们向上面反映。第三，争取公社领导放行。当时，商城教师也是奇缺，他们根本不愿放行。为此，我不知跑了多少趟三十里外的达权店公社。从我们大队到公社都是山路，不通车，还隔着两条大河，有三十多里地，每次都是二孩子陪着我。他当时在达权店中学上高一，顺路，还可以背我过河。

一九七三年夏天的一个星期天，我和二孩子一起去公社找领导。我们娘俩，还有他们几个同学一起，走着走着，天就黑下来了，紧接着就是狂风暴雨，前面看不清去路，河水立马猛涨。儿子说：“妈妈，水太深了，我背不动你，你不要去了。”我答应了，站在河边一动不动，看着儿子和他的几个同学在激流蹚河，一会儿一个趔趄，摇摇晃晃。我十分不安，一直看到他们几个上了岸，我们娘俩挥手告别后，我才慢慢往回走。

回来的路上，只有我一人，依然是雷雨交加，风也在不停地刮，我快步往一棵大枫树下跑，想停下来躲躲雨，歇一会儿。快跑到树下时，天上电光一闪，一个炸雷劈下来，咔嚓一声打断了一根枫树枝，落在了我面前。我吓呆了，定了定神，摸摸头，没有打着，我好像清醒了一些，雷雨天大树下是不能待的。前面离老叶过去工作的沈畈小学不远了，我在雨中坚持了一下，准备到那里找地方歇歇。到了沈畈小学，遇见了周老师。周老师也是个女教师，看我湿得像落汤鸡，很是同情，什么都没问，马上就给我打来了热水让我洗澡，又找来衣服让我换上。这时，雨小些了，天色已晚。周老师说："前面山洪暴发，河水很深很急，过不去，你今晚就在这里住一宿，明早再回去吧。"我说："家里只有两个孩子，学校就我们一家，小女儿还在发烧，临走时放在她爸爸那里。她爸爸不能回去，我今天必须得回去。"

其时，老叶工作的戴帽中学已经和沈畈小学分开了，在离沈畈两三里的赵铺子。这所学校也是在回曾油坊的道上，但离家还有二里地。周老师见留不住，就拿把伞给我，我就上路了。到了赵铺子，我看见了丈夫，他什么也没问我。我忙问他："小君子呢？"他说："在屋里，正发烧呢。""看医生了没有？""还没有。"我一听就慌了，女儿不能发烧，一发烧就抽筋，很危险。我说："你送我们回去吧，家里还有老三老四在等着呢。"他说："没时间，学生快要开饭了。"无奈，我只好请他们学校一位民办教师李德炎送我们母女。李老师是个大好人，他背起我的女儿，我拽着他的衣襟，就这样，蹚过了最后一道河。我谢过了李老师，背着女儿回到家时，天已经黑透了。

我心里惦记着老三老四，这两个孩子现在怎么样了？我进门就喊“鹤子！”“鸽子！”他们听到我的喊声，揉着眼睛跑出来了，原来他们快睡着了。每到星期六和星期天，学校的民办老师就都回家去了，偌大的一个学校，就剩我们四个。原本我同他爸爸说好了，我去公社晚上回不来他就回来，或者是找他婶娘过来陪这两个孩子。这场雨一下，他爸爸回不来，也没法去找婶娘，我要是再不回来，两个孩子吃不上晚饭，说不准还会出其他的问题。

老同学帮大忙

从一九七三年夏天开始，将近半年多的时间里，我三番五次地去公社，公社有关领导就是不松口、不放行。无奈之下，我只好到县里找我的老同学唐志平，请他帮忙。他了解我的所有情况后对我很是同情，很热情地帮我疏通各种关系。商城县文卫局有位同事向他说：“你这个同学怎么这么自私，只想着自己的事情。”那年头，服从革命需要叫得很响，这是很容易堵人口的理由。没想到唐志平马上就回敬了他，“老兄，她有五个孩子，她不替自己考虑，谁替她考虑？”

为了配合唐志平的帮忙，我又抽时间去了一趟金寨梅山，向汪显福组长汇报了我调动的进展情况。汪显福同志听完后，毫不犹豫地通知办事人员陈祖海，“再往商城发一封商调函。”我和陈祖海也很熟悉，他人很好，也很热情，立即给商城方面发出了函件。第二封商调函到了，商城县文卫局也就重视多了。唐志平协调关系也就比较硬气了。我们的口径主要统一到两点：第一，詹远英是从金寨受了冤屈才到河南商城的，这次回金寨属于落实政策。第二，只有詹远英一人回金寨。这样向县里要求，县里的态度才开始松动了。

到了年底，我想去看望唐志平，向他稍稍表示一下感谢的心意。说起表示，在那个年头也是寒酸得很，就是拿点农村的农产品，年糕、挂面、鸡蛋之类的送人。

也是星期天吧，我和二孩子一起出门上了路，很快来到了长冲口大河边。那时鲇鱼山水库已经蓄水，河水又深又急，需要坐竹排才能到河对岸。当我一脚踏上竹排，竹排一晃，我一个趔趄，掉到了水里，棉裤被水湿了半截，冻得我直打哆嗦。过河上了岸，顾不上天冷，我把棉裤脱下来拧干，秋裤也湿了，没办法，又把棉裤套回在身上。二子说："妈妈，你有支气管炎，不能受凉，凉了又要咳嗽，我们不去了，回去吧。"我想了想，不能回，离春节已经很近了，好不容易碰上了不开会的星期天，以后就不知什么时间空闲了。我穿着湿棉裤，迎着寒风往前走，一边安慰孩子："不要紧，我走快些，出了汗就好了。"到了商城县文卫局，正好那天领导也在班上，他们看我冻得浑身直打哆嗦，很是同情，答应我很快就开会研究。去过文卫局以后，我和二孩子一起又到了我的同学唐志平家里。

经过多方面的努力，特别是老同学唐志平的鼎力相助，一九七三年春节前，我的申请被批准了，商城县同意我调回金寨。为了我的调动，还特别拨给曾油坊小学一个代课教师的指标，也就是另拨了一个教师的经费。这样达权店公社才同意放行。

我准备一九七四年春节后就到金寨梅山一小上班。五年前的正月十六，我们全家从金寨回到商城。五年后的正月十六，我和四个孩子又一起回到了金寨。之所以都选择这天，是因为就着寒假的假期。不同的是，这次我找来亲戚，把家具先运到离商城县城较近的公路边小镇汪岗，从县城里找了一辆卡车，把孩子和家具一起运到了金寨梅山。没有想到的是，我们全家走的那天，大队的领导和几十位乡亲敲锣打鼓，放着鞭炮，欢送我们。我又一次感动地流下了泪水，我既高兴又难过，心情极为矛盾地离开了老家曾油坊。

重返金寨

独自调回梅山工作前，我已经预料到，我将要承受比过去还要多的劳累和辛苦。五十年代我年轻，并且只有两个孩子，还有二姐的帮助。六十年代我和丈夫在一起，有困难共同承担。现在我要独自带四个孩子，艰辛程度无法想象。为了减轻我的压力，我和老叶商量，准备留一个孩子在河南，让他照顾一下，承担一部分家务。

那时女儿才五岁，还不到上小学的年龄，梅山的幼儿园也还没有恢复，带到梅山来也没人照顾她。老叶此时已经调到公社所在地的商城二中负责后勤工作。我想把女儿暂时留在他那里，由他照看。我先带着三个男孩过去，等在梅山安排妥当后，再把女儿接回去。没想到老叶眨了眨眼睛，很为难地说："我不敢承担，小君子有痉挛的毛病，出了问题怎么办？"我一想，也是，他一直没有单独带过孩子，又粗心大意，小君子要真是出了问题，他处理不好也误事。我就一咬牙，自己一人带着四个孩子，到金寨上班来了。

梅山一小接收我了，但却提供不出住房。校长钟读绪是我多年的老同事，对我非常关心。为了给我安排住处，临时动员原住户张友周老师搬走，腾出一间在学校对面马路边的茅草屋给我们娘儿五个住。那里面放不下两张床，到了晚上，老二、老三到奶奶那里去睡觉，我和老四、老五三人睡一张床，但他们爸爸回来就没处睡了。因此，我与老叶商量，让他把老四带回商城去了。

梅山一小是一所历史悠久的城镇小学，在二十世纪六十年代曾受到国务院表彰，为全国先进单位。二十世纪八十年代，被国家教育部、中国教育工会授予“五讲四美为人师表先进单位”，学校获得了奖旗，每个教师获“为人师表”奖章一枚。安徽省委、省政府还授予梅山一小“建设社会主义精神文明先锋”称号，安徽省妇联授予梅山一小“安徽省三八红旗先进单位”，国家教委副主任柳斌为梅山一小题词：生动活泼地走向明天。安徽省省长为梅山一小签发嘉奖令。近二十年，梅山一小获县级以上奖励二十多次，在这样一所有光荣传统的先进单位工作，自豪是不用说了，但工作压力也是相当大的。作为标杆单位，梅山一小工作量大得惊人，我来后立即担任了三年级三个班的数学教学工作，每天的课程都是满满当当的。我每天都是起五更、睡半夜，累得喘不过气来，但也得硬挺着，那就是累不下来也得累，干不下来也得干。家里乱七八糟，也只能任其自然。

到梅山时，我曾经想去四小，梅山镇的党委书记张洪权说：“詹远英要去就去一小。”他破例把我安排进梅山一小，因为想进梅山一小的人，在他们那里排着队等待批准。接收我时，有个被批准来梅山的老师到张书记面前去质问：“詹远英为什么能调进梅山一小？”张书记直率地说：“我同意她调进一小，詹远英是女同志中的尖子，你们谁能跟她比？”领导的关怀与信任使我十分感激，倍受鼓舞，也让我拼尽全力，不能有任何退缩。

到了农忙时，农村的学校开始放忙假，老叶带着老四回到了金寨。那时全国学制不统一，金寨已恢复秋季招生，商城还在春季招生。老四因为有学年差，无法上学。放假结束后，老四又留在了我身边，正好插到三年级我教的班里。我教三个班，每个班六十多人，每人每天布置两套作业，共三百多本作业本。上完课，作业要当天批改完，还要辅导学生纠正错误，不能拖着。我每天除了上课、批改作业，剩余的时间就只够买菜、做饭和洗衣服了。我再没有时间种菜，孩子也没有时间上山打柴。由于不能种菜打柴，家庭经济紧张极了。我每月工资四十八元，丈夫每月工资三十八元，他每月汇给我十八元，这六十六元是不够我们母子五人生活的。我只有每天起早摸黑地到蔬菜公司去排队，买公家的蔬菜。公家的蔬菜不新鲜，但价格要便宜得多。每天全家就着咸菜吃两顿稀饭，孩子的姑姑从农村来见了我们的生活后回去告诉她婆婆："我大嫂那里，除了咸菜，还是咸菜。"每天中午吃一顿干饭，炒点菜也就是青菜，只有节日才能吃上一顿肉或豆腐，买肉也要凭票站队。

日子苦了，孩子吃不消。来金寨没过两个月，老四、老五都患上甲肝病，这一下，我紧张了，我不顾劳累，使尽浑身气力，积极给他俩治病。我知道肝炎病的厉害，一定要在急性期治好，不能转成慢性，否则将后患无穷。我向别人借钱，给他们兄妹俩治病，买营养品，给他们增加营养。经过两个多月的治疗，在我的精心护理下，他俩的急性肝炎全好了，没有转慢性肝炎，也没有留下后遗症，我总算松了一口气。老四过去有肚子疼的毛病，一疼就吐，我在商城给他治了好久，一直没有根除，这次我也一并请人给他治疗。县医院的一位姓孙的老中医仔细检查后说："你小孩是胃神经病，不能受凉，饮食也要注意，这种病用针灸治疗比较好。"他给老四治疗了两个疗程，孩子的病再也没有犯过。

到了暑假，孩子爸爸回来了，我就和他商量，两个孩子的身体都好了，下半年你带一个到商城去，过了冬天再带回来。他爸爸把女儿带走了，眼下也只有女儿可以暂时离开我。可老叶心粗，一个月也不给我回封信。我非常牵挂女儿，就写了挂号信给他。信很慢，我又发了一封电报给他。接到电报，他终于给我回信了。信中说君子的耳朵流脓了，直哭。看到他这样说，我当时就知道情况不好，一定是女儿生病发烧引起了中耳发炎。他竟然不带孩子去看病，导致女儿耳朵流脓，我非常生气，也非常着急，又发了一封电报，要他立即把女儿送回来。

第三天，老叶带着女儿回到梅山。孩子一到家，我立即带她到县医院门诊部的五官科检查。医生告诉我："你女儿的耳底已穿孔，耳鼓膜溃烂，失去弹性，就是治好了，听力也会下降的。"听了医生的话，我心如刀绞，充满了内疚和遗憾，我真怕给女儿带来终生的残疾。直到成年后，女儿的听力才逐步恢复正常。

黎明前的曙光

真是天无绝人之路，调回金寨以后，我很少生病了，也许是神经太紧张，暂时抑制了病情。只要我不病倒，再难的事情，也总能克服。

一九七四年冬天，一年一度的征兵又开始了，部队在革命老区金寨县大批招收应届毕业生。除了参军，城镇户口的高中毕业生面临的就是上山下乡，接受贫下中农的再教育，然后再被择优推荐成为工农兵大学生，或是被招工进厂。虽然都是响应毛主席的号召，但含金量是不同的，过程也是天壤之别。因此，千万个家庭都把孩子的出路盯在了参军上。

得知上海警备区要来金寨招兵的消息时，我就抽空前去二儿子读书的金寨一中了解情况。学校革命委员会主任还是王立炳同志，他跟我说："今年的机会特别好，地方好、数字大，除去女生，应届毕业的男生几乎是两个走一个。"我被这消息震惊了，两个走一个，那就意味着他们学校有一百五十至两百个应届毕业学生可以参军。王立炳校长说：“能否走掉，那就是八仙过海，各显其能了。”他还招呼我说：“努力争取走，不要错过了机会。”他的话既是提醒，也是鼓励。这么多的人都能参军，我的孩子为什么就不能呢？既然这么多人都要走，那就意味着竞争将非常激烈。

我开始做调查工作。我的孩子来金寨一中不到一年，他品学兼优，表现特好，就是年龄小了一点。但我一了解，他们班级城镇户口的男生，大部分年龄都小，原来是招生的年龄卡在了一条线上。如果真正按年龄，当年的征兵任务根本就无法完成。了解到这一情况后，我心里有了底，也有了点信心和希望。我是个小卒子，孩子班上的学生家长有不少是领导干部，我就注意观察他们的动向，他们的孩子小一点能走，我的孩子就也能走。我虽不是领导，但我相信，如果情况许可，关键的时候，还是会有人帮我说话的。

定兵那天，家长们都很紧张，我也一样。晚上，我悄悄去县委组织部部长汪显福的家里打听消息。那时县委已恢复正常工作，常委会开会研究定兵到深夜，汪显福的老婆熬不住就睡觉去了，我仍坐在她家的厨房锅灶前等，夜里很冷，灶火的余温使我多少感到些暖意。大约深夜两三点，汪显福部长回来了，看见我坐在锅灶前，很吃惊，“你怎么还在这里？”还没等我回答，他马上明白了我的来意。他告诉我：“孩子已经定下来了，没问题了。不过，还是要叫你家老奶奶去和武装部的同志说说好话，免得节外生枝。”

我听出了他的话外之音。第二天一早，我去找婆婆，把情况告诉了她和陈老爷子。陈老爷子革命原则性最强，从不考虑个人的问题。但是这次他毫不含糊，告诉奶奶：“你去找他们，不然，人家要打上门来了，小孩想当兵有什么不好？”在关键时候，老爷子的话让我感动并铭记终生，他一直把我们当成亲人看待。二孩子参军

1974年12月叶鸣参军后留影

有惊无险，我心里很清楚，起重要作用的人除了陈老爷子，还有汪部长。定兵的时候，会对儿子造成阻碍的，一定是我的所谓的历史问题。汪部长对我的所谓的历史问题和现实表现最清楚，因为他已经同意对我的问题进行复查，他的话最有分量。虽然他什么都没有告诉我，以后我也不敢再问，但我感觉到，他一定帮我说了话，二孩子参军的事才能够顺利定下来。

在我的所谓的历史问题上，还有许多同志帮助过我。在二孩子政审的时候，我的老友王忠瑜帮忙找人说明情况。还有我的老朋友、县教育局副局长陈绍华，我调回梅山，原想去四小工作，她立即帮我给学校领导打招呼。我儿子参军时，她又找到负责我儿子政审的同志，向他说明情况，帮助他顺利过审。

一九七四年十二月十八日，二孩子参军走了，去上海警备区服役。我虽然少了一个好帮手，但是也解决了我思想上的大包袱，我的孩子一样可以有美好的前程。我自小成为孤儿，缺少关爱，但我要给孩子们最大的关爱，他们个个品学兼优，是我生活的动力和希望。

随着大孩子、二孩子的参军，我感到我们家已经走过了最困难的时期，好日子快要来了，就像黎明前的曙光，正一点一点地向我靠近。

“文革”对三儿子的影响

我们家几个孩子，就上学而言，老大、老二基本上没让我操什么心。他们的学习自觉性高，基本上不用我督促，每学期都拿奖状回家。到了三儿子上学的时候，一切都变了。

一九六八年，老三六岁，该上小学了，可正值“文革”初期，学校的正常教学秩序全被打乱了。前一年由于大家都没有事干，我带他到梅山去玩。大街上到处都在斗争“当权派”，押着他们戴高帽子游街。“造反派”让“当权派”跪在大板凳上，一双手臂还要高高举起，残酷极了。幼小的他哪知道好歹，只知道好玩。回到奶奶家，找来了笔和纸就画起来。他还没有进过学校，就画人、画瘸子、画牌子，画棍子打在人头上，画得还真是很像的。我看了以后，又心酸又难过。

到了上学的年龄不能上学，该毕业的不能毕业，学校里开设七年级、八年级，甚至还有九年级。当时像他这样的孩子不在少数，家长领着孩子来到学校要求报名上学，校方无可奈何地收下他们。一九六八年秋天算是一年级，整天读《毛主席语录》。另外老师在黑板上教阿拉伯数字，口算十以内数的加减法，混来混去误人子弟。

一九六九年春天，全家下放到原籍插队劳动，我在曾油坊大队小学任教。鹤子就在我教的二、四年级复式班里学习。复式班是如何上课呢？一堂课分成两段时间来安排，每个年级的学生坐一边，先给这边的四年级上数学，二年级的学生就在那边预习语文。上二十分钟后，给四年级布置作业让他们做题，再给二年级上语文。两个年级的学生挤在一起，怎会不受影响？即便不受影响，一年下来，学习的时间也只相当正常时间的一半。复式教育是在农村最偏僻的地方实行的，只能保证学生有学上，教学质量无从谈起。

老三的一年级没有正规上过，二年级也没有正规的课本，整天以劳动为主，很少学习。学校动不动放假，孩子根本学不到什么，就这样，鹤子在曾油坊小学混了三年。我身为教师，难道不知道这种教学体制对孩子以后的影响吗？但在曾油坊，我力不从心，没有选择。只能按顺序，先解决老大，再解决老二，然后才能考虑老三。到了五年级，我觉得不能让孩子这样继续下去了，该给他找个条件较好的学校。他父亲在沈畈小学，那里的校舍师资比大队小学好，起码不是复式班，可以上一堂完整的课。我与老叶商议，决定从五年级开始，把他转到沈畈小学去。孩子转去后真是如鱼得水，他的各科成绩直线上升，叶鹤既聪明又勤奋，教他的老师非常器重他，经常在班上读他的作文。孩子的劲头越来越大，成绩越来越好，成为班上的拔尖学生。

一九七四年春节过后，我们回到金寨，因两省教材和学制不一样，小学没有合适的年级供他就读，刚巧梅山一小也是戴帽中学，我就决定让他上初一。原本基础就不好，五年级是突上去的，上初一就变得吃力了。学校不好好教学，依然是学工、学农、学军，天天劳动。孩子认识了不少城镇的同学，这些孩子在一起纠成绳，说干什么不约而同都干什么。每天冲出冲进，就是不读书。初中一晃就是两年，这两年基本上没有学到什么。要说“文革”对孩子学习的影响，在我们家对他的影响最大。他连小学的正规教育都没有完整接受过，在他最容易受影响的年龄段，和城市的野孩子混在一起，真是让我十分操心。

“昭君”变“海燕”

在一九七五年前，詹海燕还叫“叶君”，小名叫“君子”。

一九七五年秋季，她该入学了，我带着她去报名。老师问她叫什么名字，她看了看我，又看了看老师，说：“我叫詹小燕。”报名老师看了看户口本，说：“户口上的名字是叶君，怎么又叫詹小燕呢？”当时我也愣住了，报名前她和我说过改名的事，我没当回事，以为她是随意说说。正在这时，她又说：“妈妈最爱我，我要跟妈妈姓，小燕也会飞。”大家听了都很惊讶，觉得她是个很有主见的女孩。她还说，她的四个哥哥的名字都带一个“鸟”字，她就要叫“小燕”，也会飞。报名的老师笑了笑，称赞她，“这个名字起得好，你长大了也一定会像哥哥一样，展翅高飞。”我把她要改名的事情和她爸爸、大哥、二哥说了，他们都称赞小君有主见。后来她大哥说还是叫“海燕”更好一些，我就把她的名字正式改成了“詹海燕”。想不到十三年后，我的小女儿还真就落在了海边——上海。

小女儿要上小学了，就在梅山一小。学校没的说，是省里的模范单位。她入学的那年，我没带一年级。他们一共分了五个班，海燕在一（1）班，班主任临开学前才确定。看了班主任名单，我心里有点犹豫。五个班主任都非常棒，女儿所在的一班班主任就住在我的隔壁，平时关系很密切。就一般意义而言，熟人对孩子会更负责。但我长期从事低年级教育，对孩子的教育有自己的看法。我觉得，孩子和老师太熟悉了，又是邻居，没有距离，对孩子的教育和成长不一定有利。古时就有“孟母择邻”的故事，但想要为女儿换班级的事不好开口，弄不好别人会有其他的想法。我犹豫了好几天，眼看就要开学了，上课了再调班就麻烦大了。一条理由使我下定了决心，他们是大循环，一教就是五年，一旦太熟悉的因素有反作用，那就麻烦了。我先找了一（2）班的班主任，表明了想让女儿调到她的班上的想法，她住在校外，和女儿不熟悉。取得了她的同意，我这才去找一（1）班的班主任，对她说明了情况。这位老师通情达理，很理解我做母亲的心情，同意了我的要求。在此基础上，我才去找学校领导。女儿顺利地成为一（2）班的学生。这期间，虽然班主任换了三任，但这个班一直是优秀班级，小女儿年年期期都是“三好学生”。

互换回金寨

重返金寨不久，我就一直想让老叶也调回梅山。我调过来时，各级组织还不够健全，两个县自己协商好了，就可以办理调动手续了，但现在想要直接调就非常困难了。一九七五年后，党的各级组织都健全了，跨省调动，要省里批准才行。但这件事再难，也不能让他永远留在商城，再难我们一家人也得团聚。他来了，总能帮我一把，我太忙了，时时有坚持不住的感觉，希望他能早日回到我身边。我给自己打气：不要怕，好事多磨，我又开始找机会，做准备工作。问题还是在商城方面不放人。我走的时候已经找了唐志平帮忙，好戏只能唱一台，再不好意思找他帮忙了。

我利用暑假找女儿去了商城。这次回去，找到了另外一个在县委宣传部工作的老同学，他叫李其祥。我向他咨询有关调动工作的事情，请他出主意。他很热情地接待了我，并直率地告诉我：“直调目前是不可能的，以后怎么样，谁也说不准，最好的办法是互换，要是有商城人在金寨工作，他愿意回来，两人互换还是有可能的。”

他的话为我打开了一条新的思路：互换调动。但是金寨和商城不仅分属两个不同的省份，而且两个省又分属华东和中南不同的行政大区，人员的流向不同。在金寨的公职人员中，找一个商城人实在是太难了，真是有点大海捞针的味道。已经没有其他的路可走，我只好毫无头绪地到处打听，询问是否有想去商城工作的人。也不知问了多少人，答案都是否定的。大约过了一年，一九七六年初夏，原双河小学的曹可兴校长来看我。我和老叶与他在双河共事了八年，关系一直很好。我习惯性地和他也谈起了这件事，曹校长若有所思地点点头，“我听说，三河小学有个老师叫杜方乔，家住河南商城县。他是武汉大学一个什么热处理专业的毕业生，不知为什么分到金寨来了，他专业不对口，想调回商城。”听曹校长这样说，我真是喜出望外，天下还有这种巧事！在金寨的老师中，竟然还有商城人！情况要是属实的话，老师之间互换对调，成功的可能性就大了。

自二十世纪五十年代以来，曹可兴一直担任小学校长，一九六九年时，他才回到老家皂河小学当校长。他为人正直谨慎，对教育口的事情很熟。虽然是听说，但他的话可信度很高。看到我高兴的样子，曹校长又说：“等我回双河后，再去打听了解一下具体情况，最好能见到杜方乔本人。要是能见到他，我就叫他来梅山一趟，你们当面商谈。”真是老领导，考虑问题周到，连解决方法和路径都替我想到了。他走后，我期待着杜老师的突然出现。

农村的学校开始放农忙假了。一天中饭后，我正在洗碗，一个高大陌生的中年男人站在我家门口，问：“詹老师住这儿吗？”我有一种预感，忙答道：“我就是，请问你是谁？”他答道：“我是杜方乔，是曹校长让我来的。”我放下手中的活，连忙请他入座。

杜方乔真的想调回商城，我太高兴了，互换对调最重要的条件已经具备，双方领导都会支持这件事。我们交谈很顺利，各自谈了自己的情况和打算。我用笔记下了杜老师的基本情况与资料，他也记下了老叶的情况。我们商定，由我先去商城县委宣传部汇报情况，回来后再联系，确定下一步的行动。送走了杜老师，我觉得运气来了，这种概率极小的事情也找上门了，老叶回金寨有希望了。谋事在人，我必须抓紧时间，趁热打铁，把这件事办好。

暑假到了，我再次带着女儿到商城，找到了李其祥，把两人的资料都交给了他。李其祥很热情，立即向宣传部领导汇报情况。商城县委宣传部的领导很重视，第二天就进行了研究。李其祥告诉我：“你转告杜方乔老师，要他近期来商城一趟，部里要同他当面谈。”我得到答复，又像当年金寨县委接收我一样，觉得拿到了尚方宝剑，高兴地回到金寨。回来后，我很快约到了杜老师，把去商城的情况一一告诉了他。他答应近期立即回商城一趟。到了快放寒假的时候，他才把去商城的情况告诉我，我估计是商城的批复刚到。他说商城县委研究决定，同意两人对换，但要报地区和省里批准，然后才能执行。

1976年春节家庭部分成员合影

报到地区再转到省里，这个程序不知要等多少时间。地区和省里我都没有熟人，只能听天由命了，等吧。差不多过了一年，一直等到一九七七年十二月，河南省的批复才下到商城。商城放行了，金寨县人事局也同意接收老叶，丈夫终于通过互换回来了。

意外的惊喜

一九七八年一月下旬，大儿子叶鹏突然从部队回来了。事先一点都没打招呼，他直接到我上课的学校来找我。我真是又惊又喜，他一九七二年十一月参军，五年里取得了令我欣喜的进步。一九七五年入党，担任了班长，一九七六年七月提干，一九七六年十一月就担任了连队的副指导员，一九七七年一月，又作为骨干充实到第二十军政治部宣传处任干事。前不久，他来过一封信，说部队正在开展“学雷锋”“学硬骨头六连”的运动，要开表彰大会，他在典型材料组，忙着下到各师团整理典型材料，怎么突然有空回来了？我问他，他没回答，却拿出了一张通知书给我看。我仔细一看，上面写着“武汉大学录取通知书”，我顿时激动得热泪盈眶，不知说什么好，好半天才说出句话：“你考上大学了，事前怎么不和妈说一声？”他笑着说：“我想给你个突然的惊喜，这不回来告诉你了嘛！”

自从恢复高考的消息传开后，我一直很感叹，我的两个孩子都在部队，老三那时的学习状态不太好，我以为大学生与我们家无缘了呢！没想到天上掉下个大学生来，我做梦都想不到。大儿子告诉我，十一月二十号之前，他还在许昌、漯河的基层部队整理典型材料，根本不知道恢复高考的信息。十一月二十日回到开封，和几个老乡聚会，才知道部队的干部、战士也可以参加当年的高考。他立即向宣传处领导提出申请，经军政治部领导批准后，他放下工作，全力复习冲刺高考。那时已经十一月二十五日了，离十二月十一日的考试只有半个月，怎么复习呢？

没有可以指导的人，没有可以咨询的人，甚至连复习的课本都找不到。他坐在那里想了半小时，把复习时间分成两半，七个半天复习语文、历史、地理、政治，七个半天复习数学。再细分，二天复习语文，四天复习历史、地理，一天复习政治。语文也只是自己拟了八个方面的作文题，包括“粉碎‘四人帮’”“怀念毛主席”“抓纲治国”“实现四个现代化”等。他自己看表，一个小时做一个命题作文，做完了再自己检查一遍。做了四个命题作文后，语文就算复习完了。政治他是不担心的，他当宣传干事，很熟悉。比较难办的是数学，这点时间，他背了背三角的公式，看了看平面几何、解析几何、数列等，只够熟悉一下，做题根本来不及。

人说，处处留心皆学问。在考试的前一天，大孩子他们去看考场，他发现在学校的墙报里，贴着中学生优秀考试卷子，他仔细看了看，有道太平天国天朝田亩制度的历史试题，他觉得这道题复习时有所疏漏，就仔细地把那道题看了两遍，晚上回来又看了历史书上的相关内容。没想到考历史、地理的时候，还真碰到了这一题，那可是二十分的题。

他的作文考得更是理想，那年河南的作文试题是《我的心飞向了毛主席纪念堂》，要求写怀念毛主席的内容，大儿子在过去写过的类似文章的基础上，又作了发挥，作文满分是七十分，他得了六十六分。那年他们报志愿的时候，还强调分配，分给他们军一流的学校院系指标只有武汉大学哲学系，他填报了这个专业，因为觉得和宣传干事的工作很对口，但却被录取到武汉大学中文系。以后才知道，和作文分数有关系。临走的时候，宣传处领导还给他做思想工作：“小叶啊，要服从组织分配，学好中文。”

1979 年 5 月叶鹏参加武汉大学运动会

看着勤奋懂事的好儿子，我思绪万千，对于做父母的来说，没有比知道这样的喜讯更高兴更幸福了吧？他是我们叶家和詹家祖上破天荒的第一个大学生，为弟妹们树立了榜样。没有这第一个，就难说有后面的四个。按照水桶理论，如果一块板短了，就装不满一桶水，但是我们家水桶的五块板是一般高，第一块板首先树立了高度。

锦上添花

一九七四年春，二儿子叶鸣随我工作调动转到金寨县第一中学。一中是六安地区重点学校，初中三年都开英语课。上高二时，别的同学已学过五年外语了。过去在河南农村中学，叶鸣只是在考上高中后才学了不到一年的英语，转学后，他经过不到半年的刻苦努力，英语居然超过班上最好的同学，其他成绩在班上也是出类拔萃的。

一九七四年十二月，他应届高中毕业参军入伍，在上海警备区服役。他一直是部队的业务尖子，多次在团里组织的侦察兵培训和

1979 年全家福合影

1979 年兄妹 5 人合影

比武中获得第一名，每年都受到连队嘉奖，并多次被团政治处派到地方为上海市中学生进行革命传统教育。他先后担任过班长和连队文书兼军械员。他扎根基层连队，教官兵唱歌。他向上海市一些大工厂企业的美术老师学习取经，使绘画水平有很大提高，他可以用彩色粉笔在黑板上画出油画、水粉和版画的艺术效果，把所在连队俱乐部的黑板报和墙报办得既美观漂亮又生动可读，成了部队观摩样板，自己也成了别人取经学习的对象。

一九七六年夏，他的连队先后接待了三批来自上海市第一和第六师范学校美术系的师生来学军，师生们都为连队俱乐部漂亮美观的黑板报和墙报所吸引并称赞不已，简直不敢相信这些充满美感和部队生活气息的作品都是出自一个十九岁的小战士之手。一九七八年初，他在全团组织的文书兼军械员培训比武中，又一举夺得“蒙眼混合分解组合四种枪械”比赛的全团第一名。

一九七八年七月，全国举行了“文革”后首次统一命题的高校入学考试（一九七七年冬天那次高考是各省命题考试）。部队领导推荐正在集训的叶鸣报考大学，但只给了他不到半个月的复习时间。

时间紧，找不到系统的复习资料，没有安静的复习场所，叶鸣凭着他自己的天赋和过去多年的积累，参加高考并一举成功。他的历史和地理考分都在九十分以上（满分一百分），被复旦大学分校政法系录取，当年上海警备区参加地方统一高考的有十多名军人，叶鸣是唯一被录取的考生。

连中三元

一九七七年秋季，粉碎“四人帮”快一年了，教育秩序依然混乱。时逢金寨二中成立，也就是把原来梅山一小的戴帽中学班与梅山一小分家，升级为正式的中学。学校升级了，就要扩大招生，三儿子他们两个初中班自然就成了宝贝疙瘩。升学也不用考试了，一锅端地进入了金寨二中高中班。就这样，老三没经过考试，先是进入初中，然后进入高中，我们都为他庆幸。

没过两个月，高考制度恢复了，全国各地各类学校也都正规起来。教育部门和学校老师也都重视教育了，因为上大学要考试，中学教与学的各个环节都动起来了。这时候，我开始着急了。三儿子的基础太差了，他的成绩不好，高一上期末考试时，他还有两科功课不及格。那时高中的学制只有两年，这样下去，怎么办？全家人都为他着急，他自己更急。幸好他大哥叶

叶鹤上大学时留影

鹏考上武大后就有了暑假，放假的时候可以不回部队，所以一放假就回老家来了。他帮弟弟复习，帮助他提高认识和改进学习方法。

1980 年兄妹 5 人合影

从那之后，老三像换了个人似的，废寝忘食地学习。功夫不负有心人，到了高二上时，他一跃为班上第一名，有时第二名。全县统考和地区统考，他也是班上前两名。

一九七九年毕业，他应届参加全国高考，突击上去的成绩毕竟不稳定，高考时未能发挥出平时的水平，未达到重点高校录取分数线，但成功超过了本科分数线。按他的成绩，可以填报医学院、师范学院，但他都不愿意，所以填报了安徽省淮南煤炭学院机电系选煤专业。没想到在体检时出了麻烦，他被测定为色盲，这下我们全家人都着急了。有很多工科专业对色盲考生是限报的，本来分数就不算高，加上这一致命的缺陷，上本科都可能成了问题。

我不相信他会是色盲，在考前我曾给他检查过识色项目，他只有少数的颜色分辨不清，绝大多数都分得很清楚。我问叶鹤怎么回事，他说：“思想太紧张，检查人指得太快，一种没认清就往下指，受了影响接下去的更认不清了。”他自小憨厚，还认为认不清颜色没有多大关系，到了下结论为“色盲”时才慌了手脚。我想着孩子为了考试饭吃不下，觉睡不着，整个人瘦了十几斤，不能因为这个原因被耽误了。我要想办法向体检办公室反映，向他们说明情况，争取重新检查一次。于是我去办公室找主检医生——潘医生。他是我的学生家长，他同情我，同意给孩子复查一次。

复查时孩子情绪稳定，再不害怕了，检查人员也认真仔细，放慢了速度。叶鹤自己认真仔细地慢慢辨认，结果大部分颜色和图形都认出来了，最后的结论是“色弱”。这个结论好多了，报考志愿时一般不会受影响，全家人都舒了一口气。之后，他顺利地以第一志愿被安徽省淮南煤炭学院机电系选煤专业录取，成为我们家在恢复高考后的第三位本科大学生。

七七届、七八届、七九届，我们家连续三届出了三个大学生。亲朋好友都为我们家高兴，称赞我们家“连中三元”，是生产大学生的专业户。

为自己翻案

一九七四年后，邓小平主持工作，政治大环境发生了变化，上上下下都在调整和落实政策。金寨县各级组织都建立了相应的办公室，主要是落实清理阶级队伍时的政策。

虽然教学和家务都忙得一团糟，但我始终没有忘记个人的历史冤案，我也提出了申诉。按照程序，我首先向原来工作的双河区委提交了申诉报告。通过我坚持不懈地找人做工作，双河区委同意了复查，区委负责同志冯欣如指示有关人员进行复查。当年给我历史问题下结论时本来就没有任何证据，但要否定之前的话，一般都要找到否定的证据才行。年代久远，隔省隔县，刚接触的人一下子难以找到所有的证据。

这样前后拖了好几年，一九七九年一月十八日，中共金寨县委组织部下发了组纪字79（39）号文件：

关于对詹远英同志历史问题的结论

经复查：詹于一九四七年五月在商城前巷初级中学读书时，集体加入伪三青团，为一般成员。原定詹参加战地青年服务队，为一般成员问题。经复查，该校于一九四七年九月成立了战地青年服务队，当时在校的教师和学生都集体编入该组织，而詹因家庭经济困难没有按时上学，在十一月才入学。因此，原审干结论詹为战地青年服务队的成员，应予否认。

中共金寨县委组织部

一九七九年一月十八日

拿到新的结论，我依然不满意，我当时就表示，我是冤枉的，我还是不服。办公室的工作人员对我说："你真不知足，给你否定了一个就算不错了。"我说："都没有的事情，硬安在我头上，这是冤枉，我怎么能服气呢？"话是这么说，结论还得拿回来。我旁边的老同事提醒我，"你现在梅山一小工作，还可以向梅山镇党委提出申诉。”于是，我就向梅山镇党委打了一份报告。

一九七一年前后，我专门到商城县城走访了同班同学徐世昆、刘恩浩、周百静等，问问他们是否了解此事。他们都说不知道，都是糊里糊涂地背上了这两个反动组织的黑锅。可也奇怪，他们告诉我，班里还有同学没有参加这两个组织的。

梅山镇的党委书记张洪权同志非常重视此事，批复了我的报告，要求梅山一小派人去复查。他明确表示：“詹老师是冤枉的，那么小的孩子，哪知道这么多事。”有了领导的明确批示，钟读绪校长亲自出马，去商城调查，结果依然没有头绪，主要是找不到得力的知情人，没有能否定原结论的证据。眼看这事又要不了了之，我很着急，到处打听，费尽千辛万苦，终于找到了原来班主任的下落，他是知情人。利用星期天，我又向钟校长请了一天假。钟校长说：“老詹，你现在这么忙，这么累，还一趟趟往那边跑，像奔命一样，让老叶去一趟不就行了吗？”我说：“有什么办法呢？他又不了解情况，也不认识人，奔命我也只有认了。”

在商城，我又找到了徐世昆、刘恩浩、周百静等老同学，我问他们：“既然大家都不知道，又有人没参加，这里面一定有问题，你们难道甘心被冤枉一辈子吗？”他们说：“难弄，谁个给你弄清楚？”我说：“我给自己弄，是假的就不能接受，伤害自身不讲，还要伤害下一代。”我接着说：“我了解到当年的班主任老师张从可还健在，他肯定知道当时的情况。”

新中国成立后，张老师在河南潢川师范学校当老师，反右派斗争时被划为“右派”，加上历史上又有问题，“文革”时又成了斗争对象，被开除回家，在农村被监督劳动改造。张老师的家住在离潢川县城十五里的半个店乡罗家湾生产队。

我从城里另一位老师那里得知了这些，我想去找张老师了解当时的情况，并想请周百静同学陪我一块去。没想到周百静说："你真胆大，他现在是分子。我们自己的情况也不算好，再去他家，要是有人检举，惹出了祸吃不消。要去你自己去，我是不去的。"她这么一说，我有些生气了，怎么能对自己这么不负责任？但被她这么一将，我也只有硬着头皮自己去了。

当天下午，我从周百静家出发，迎着凉风，走在山路上，边走边问，不一会儿就到了张老师的家。我一抬头，就认出了站在我面前的老人。他老多了，脸上布满了皱纹和愁容，一见就知道心情不佳。"张老师，还认识我吗？"他睁大眼睛仔细地看了看我，连说："认识，认识。"他反问道："你不是詹远英吗？"我说："正是。"他惊奇地问我："你咋来了，怎么找到了我？"我说明了来意，张老师立即明白了。他十分理解与同情我们这些无辜的学生，一一将当时他所了解的情况都告诉了我。他建议我们要求政府重新审查。他一再向我强调学校并没有此事，新中国成立后，学校把所有的档案都交到商城县公安局去了，去公安局一查就知道了。

听了张老师所讲的情况后，我十分高兴，很感激他为我们提供了线索和建议。夕阳西下，天色渐晚，张老师留我住一宿，可在当时的情况下，我怎么敢住他家呢？我婉言谢绝了张老师的好意。张老师送我走了好一程山路才分别。我独自走在回去的路上，心里充满了希望。不觉来到一片乱坟岗，此时，晚风嗖嗖，天色灰暗，已看不见来人，我汗毛直竖，硬着头皮小跑，一直往前冲，来到了有灯有人的县城边，才长长地出了一口气。

我这次得到了可靠的第一手资料，有了向组织申诉的依据和理由。回梅山后，我向钟校长汇报了见到原来班主任的情况。钟校长连连点头，不久就派出学校党支部委员李老师前去商城复查。

第五章 ▎喜事连连的八十年代

平反昭雪

依据我提供的线索进行调查，李老师拿回了准确的第一手资料，在原来的学生档案里，并没有我历史结论上写的那些事。他据实写出了复查报告，学校党支部也向上级党委提交了请示报告。中共金寨县委组织部于一九八二年元月三日再次下发了组审字（82）12号文件：

关于对詹远英同志历史问题的复查结论

一九五八年审干时，定其詹于一九四七年五月于商城县前巷初中读书时，经校长黄伯劲介绍入伪三青团，为一般成员，同年九月，按学生名单集体编入战地青年服务队为一般成员问题。经复查，原结论参加伪三青团问题证据不足，予以否定。集体编入战地青年服务队问题，县委组织部组纪字（79）39号文已予否定。据此，经研究决定：撤销县人委一九五八年九月九日的审查结论和县委组织部（79）39号文件。至于本人提出因此案株连入党已批示未宣布问题，如本人具备入党条件，按照党章规定办理。

中共金寨县委组织部
一九八二年元月三日

一九五八年审干时，我二十六岁，正是风华正茂之时。一九八二年推翻原结论时，我已五十三岁，因生活的折磨和岁月的洗涤，我已是满头白发，一身疾病，即将退休了。这个结论对我来说，来得太晚了。尤其是二十世纪七十年代末，中国社会已经发生了翻天覆地的变化。我的孩子已经克服了我的所谓的历史问题的影响，老大、老二参军入党提干考上大学，老三也考上了大学，我的家庭前景一片灿烂光明。但是，拿到这个结论我还是万分激动、热泪盈眶。二十六年了，终于平反昭雪了，终于还我的历史以清白了，压在我身上的大石头没有了，我一身轻松。最重要的是，它让我的信念没有落空，我依然感谢共产党。做人要讲良心，没有共产党，没有新社会，我什么都不是，我不会当人民教师，不会成为劳模，我的家庭也不会有现在的圆满。因此，当我拿到这个结论后，我便立即向梅山一小的党支部递交了入党申请书。

临时受命

我的所谓的历史问题终于得到了公平的结论，但入党的问题却无法一次性得到解决。入党要重新申请、重新审议、重新通过。二十六年过去了，我依然要从头开始。我想，这样也好，也是对我入党动机和入党条件的重新考查，真金不怕火炼，二十六年了，我虽然站在党的大门外面，但无时无刻不在接受考验。

一九七八年秋，我又遇到了一次考验。那时，全国统编教材刚刚问世，无论是语文还是数学，都从第一册开始。我原是低年级语文教师兼班主任。暑假期间，梅山镇组织全镇语文、数学老师分组集体备课。我担任低年级语文教研组组长，领导全组同志备课研究。备课结束后回到学校，离开学已经不远了，没想到校长钟读绪找我谈话。他告诉我，由于首次使用统编教材和低年级数学教师力量不足的原因，学校经过慎重考虑后，要我暂时不教语文，改教一年级两个班的数学和其他科目。

我没有任何思想准备，已经快开学了，新的数学课教学工作量繁重，两个班共有一百五十人。教材也不熟，我调到梅山一小后一直带语文课，手头上没有任何数学资料和教具，现在也只有一本统编数学教科书。虽然困难重重，但这表明了组织上、也是钟校长对我的信赖和重视。从一九六六年开始，全国的学校就进入了混乱状态。一九七一年后，学校虽然都在上课，但教材五花八门。时隔十二年，作为拨乱反正的产物，有了全国的新编教材，全国都在探索如何教学。作为一个老典型，梅山一小要担负探路者的重任。作为一个党培养多年的老教师，应该在关键时刻勇挑重担，于是我很乐意地接受了任务。

我开始夜以继日地钻研新教材。新教材图文并茂、形象直观、生动有趣，贴近学生生活，充满时代气息。新教材起点高，渗透了一些现代数学思想，同时起点又是很基础的，充分照顾到当时儿童的接受能力。在我看来，新教材的最大特点是直观性强，讲述数与形的关系，每课都是图。新教材的重点是二十以内的加减法，难点是二十以内的进位加法与退位减法。新教材体现了改革精神。传统教材教二十以内的加减法多半借助手指、小棒、打点子等方法进行教学，把要加的数一个一个堆起来。减法也是一个一个去掉，这样既慢又易出错。新教材十以内的加法根据数的组成，通过直观演示教学，运用加减逆运算关系进行教学。二十以内的进位加法是采用拆小数凑大数的“凑十”方法，通过直观演示来达到教学目的。退位减法，是在熟练掌握加法的基础上，通过逆运算的关系来达到教学目的。学生得到的知识是系统的、完整的、科学的，能够有效地训练和提高小学生的逻辑思维能力和运算能力。

要教好新的统编教材，就必须按教材意图，绘制大量的直观教具，否则，凭空说教，无法完成教学任务。一年级的小学生刚刚结束幼儿园生活，对小学课堂学习还不适应，集中注意力的时间比较短，观察能力也很有限。在观察教材插图时，往往只对其中的色彩、人物感兴趣。针对这些特点，我废寝忘食地赶制教具，时间来不及了，我就动员我的亲戚和孩子一齐为我赶制各类教具。

开课的时候，我已经突击赶制出了八十多件教具，以后又陆续赶制了二百余件。教学时，我依靠这些直观形象的教具，运用数的组成与分解这一新的教学形式与方法，大力加强口算，取得了成效，很快扭转了以往计算时使用手指、脚趾的愚笨局面。

我教新教材一年，由于教学效果显著，多次举行公开课，受到梅山一小教导主任陈效敏的好评。他说：“我统计了一下，一节课共用十二种教具，学生摸得着、看得见，学得生动活泼，口头表达能力也变好了，超过了‘文革’前的教学水平。”

领跑教改

一九七九年八月，使用新教材已经一年了。金寨县教育局教研室召开全县一年级部分骨干数学教师座谈会，座谈对全日制十年制小学一年级统编教材的认识及探讨新的教学方法，县教育局教研室江贤航同志主持召开了这次座谈会。我作为特邀代表在会上发言，题目是《对统编小学数学第一册教材的认识及教法的探讨》，并当场展示了为新教材自制的教具。我的发言与展示受到了与会老师的好评，特别是受到了会议主持人江贤航同志的肯定。他们认为，我的实践为全县小学数学第一册新编教材的教学起到了引路的作用。

1980 年工作证件照

一九八〇年八月，金寨县教育局举办了“全县教师暑期备课培训班”。县教育局指定了部分骨干教师先熟悉掌握教材，写好计划，到会时拿出备课方案。梅山一小有两人参加，语文组是常元英老师，数学组就是我。到会后，我被任命为一年级备课组组长，领导来自全县部分一年级的数学老师。开展教研备课活动时，我把拟好的纲要交大会讨论，百分之九十八的内容都被采用，并在大会上交流，纲要随即发到全县每个小学。

小天使再次受伤

一九八一年四月，清明节前一天，是海燕十二周岁的本命年生日。她一向活泼好动，经常跟小伙伴一起出去玩。也不知道她什么时候学会了骑自行车，这天她们又一起骑自行车出去玩。

二中的老师大都住在平房里，一长条，门挨门、户挨户，孩子随便出入，大人都不管。学校的隔壁就是县体委的大操场，她们骑车多半在那里，也从没出过事。

这天她骑上了伙伴的自行车，刚上路，另一个小伙伴朱琴不知有什么事情，在背后喊了她一声，她猛一回头就从车上摔了下来。回到家里，她没有吭声，但我看她情绪不好，仔细观察，发现她的右手腕以上肿了。一摸，她说疼，问她怎么回事，她把情况告诉了我。我心疼得不行，忙带她去县医院住院部，找到熟悉的外科名医祝乐友。祝医生检查后告诉我们没有什么事情，当时他也没有做什么处理。

回来后，我观察了好几天，孩子情绪仍不好，手腕以上不但没有消肿，反而不能翻动了。我觉得有问题，赶快带她去医院拍片。从拍出来的片子上能清楚地看到，手腕和胳膊肘之间的一根骨头已经折断了，断处已开始长出小芽。我心急火燎地带着片子去找院长，他是外科主任。他看了片子，批评我一开始为什么不拍片，我只好将实情告诉了他，他批评了祝医生。我问院长现在该怎么办，院长说："要想恢复原状，只有开刀打断重接。"我想了想，这样孩子要受多少罪啊。我告诉院长："等我回去和孩子爸爸商量一下再定吧。"

回来后，我心里难受极了，一边流泪，一边念叨："那么多男孩子，生长在那么困难的年代，也没有一个全身带着伤疤的。偏偏一个女孩子全身上下都是疤。"正在发愁之际，祝医生亲自来学校找我，他表示了歉意，并拿出了治疗方案。他画了一个草图给我看，"不开刀，不打断，用石膏带子固定一个月就好了，虽不能严丝合缝地恢复原状，但不会错位，也不影响运动功能和美观。"听后我决定就照他的方案治疗。孩子的胳膊打好石膏带，用木板托着。我每天精心护理她，一个月过去了，拆开石膏带检查，骨折处基本接合了，只是接头有点粗，胳膊功能完好，我这才松了一口气。

再战而捷

一九七七年，老四叶鸽小学毕业升到了金寨一中。金寨一中到我家有两条路，一条是山路，大约三里多地。一条是公路，大约五里多地。梅山镇的学生初中高中都不住校，中午饭也不管。学生一天要跑四趟，条件好的孩子都骑自行车上学，我们家经济还较困难，没有买自行车，就全靠他自己来回跑。这条山路，他一跑就是七年。

一年级的时候有八个班。他个子小，很不起眼。开学不久，初一年级举行了一次语文、数学、英语三科的学习竞赛，他一举拿下了三个奖：语文一等奖、英语一等奖、数学二等奖，引起了小小轰动。按成绩分班，他被分到了重点班。初中三年下来，他不仅学习成绩优秀，跑步也成了他的体育特长。每年在学校运动会三千米跑步项目中，他都能拿到好成绩，有次还拿到了初中组第一名。初中三年，他六个学期都被评为“三好学生”。

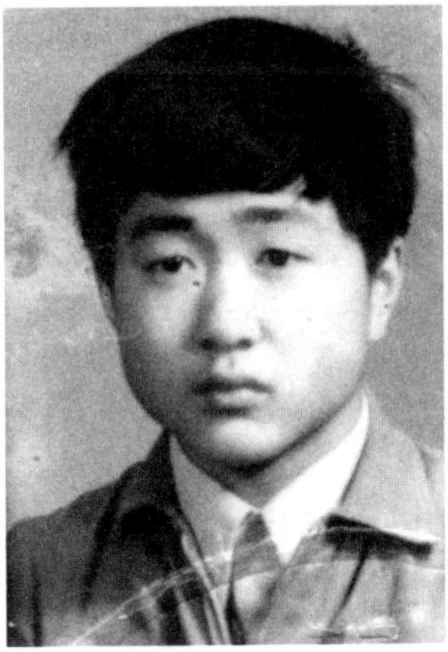

初中时的叶鸽

叶鸽大学时留影

一九八〇年，他因成绩优秀，免考直接进入金寨一中的高中部。在高中的四个班里，他的学习成绩一直稳定在年级的前十五名。我们本以为他能一举考上重点大学，但是，我们忽略了他和小五身上承担的巨大压力。因为哥哥们太优秀，虽然给他们的学习带来强大的动力，但也无形给他们的心理带来了巨大压力。对于别人家的孩子来说，考不上大学有其他的道路可以选择，但是我们家的孩子好像只有高考这一条路可以走，必须要考上，也必须要考好。虽然并没有谁这样规定，但无形中却成为全家默认的共识。不仅是我们，熟悉我们的人也似乎都这样认为。在他们眼里，我们家的孩子要是考不上重点大学是不正常的。但是，我们当时没有意识到这种压力的巨大影响，也没有帮他减压，他在一九八二年的高考中突然发挥失常落榜，他非常痛苦，我们也很震惊。我们全家商量，也与他的老师商议，决定让他复读，他自己也同意了。我们一起帮他分析了失利的原因，鼓励他重整旗鼓，打好翻身仗。

话虽这样说，但孩子还是需要家长的帮助。首先要帮他联系复习的地方。当时复读还不普遍，我找老四的班主任张老师，想插他的班就读，但学校有规定，毕业生不能插班。我又联系其他落考生的家长，一起到学校要求开办复读班，挑选有责任心和有经验的老师任教。学校开会研究后同意了我们的请求，在学校的大礼堂办复习班。来复习班的任课老师都是高三毕业班的老师，师生彼此熟悉，相互信任，以达到较好的效果。

在可容纳几百人的大礼堂上课，人多光线差，学习条件远不如应届毕业生，要想取得好的成绩，全靠自己自觉。这一年，不管遇到多大困难，老四都坚持每天翻山越岭步行上学，像上高三一样，从不迟到早退，认真刻苦地复习功课。功夫不负有心人，一九八三年全国高考，他的成绩超出了一本分数线二十多分，被武汉理工大学录取。我们全家人都为他考取重点大学而欢欣鼓舞。

接到大学入学通知书，我们就为他准备行装。又一个从未单独出过远门的孩子要动身了，家里没有人送他。我们家好像有这个传统，男孩子一到高中毕业就单独放飞。金寨到武汉没有直达的汽车，老叶把叶鸽送到二十里外的叶集，为他拦下合肥去武汉的过路客车，帮他买好了车票，就转回来了。在这辆车上，叶鸽遇到了同去武汉理工大学报到的同学，他们一路相互帮助，几经周折，找到了学校的所在地。他随身只带了五十元钱，远远不够支付开学所需要的各种费用，得知消息后，我赶紧借了点钱寄去。他在校的时候，我们每个月给他寄的生活费最多三十元钱，但他从未超支过，也从不向我们多要钱。

梦终圆

小女儿上小学后，每年都看我在写一份相同的材料——入党申请书。她就问我：“妈妈，你不断写申请，提要求，为什么总是入不上呢？”我告诉女儿：“入党要有条件，妈妈条件还不够，等够了就入上了。”那时的条件不够，主要就是因为我的所谓的历史问题，当一切都尘埃落定后，入党问题就十分顺畅了。一九八三年三月八日，也就是我的历史问题解决后的两个月，我终生难忘的日子盼到了，这一天，组织上批准了我的申请，我成为一名光荣的共产党员，实现了我终生的理想和追求。这一年，我已年近花甲，人生的春天早已逝去，但我依然壮心不已，希望为党的教育事业继续贡献力量。

1986 年 5 月金寨师范毕业生来我班实习时赠送的匾额

从一九八二年开始，每年我都要接待金寨师范的毕业生来见习和实习，每次我都要为他们上示范课，帮他们修改教案，辅导他们上课并初步掌握课堂教学的方法。金寨师范的师生每次都是高兴而来，满意而归。一次上完示范课，领队班主任蔡瑞波老师向我祝贺，说这节课给他们留下了深刻的印象，他还对胡尊芳校长说："怪不得家长都愿意把孩子送往一小，送进詹老师班，她教得确实不错。"八六级的师生结束实习时，还专门给我送来了一块匾，以感谢我对他们的帮助。

1985 年中秋节老叶六十大寿时部分家庭成员合影，前排中间是婆婆彭素娥

一九八五年上半年，六安地区教育局电视教学导演组来梅山一小检查工作，他们到我的课堂上听我上复习课，视导组的同志对我的教学方法及课堂艺术作了充分的肯定："复习课上得好，突出了一个'清'字。"一九八七年四月，我退休的前夕，还担任了学校开展的"创新教学大奖赛"的评委，对其他参赛选手进行指导，同时也是参赛者。这次活动中，我被授予"精神文明一等奖"。

我站在三尺讲台上，为孩子们上课整整三十八年，上至县、校领导，下至同行后辈、学生、学生家长，大家公认我"课上得好，学生学得好"。我以自己的行动，履行了入党时的誓言：忠诚党的教育事业，为教书育人贡献力量。一九八五年和一九八七年，我两次被评为"优秀党员"。

海燕“折翅”

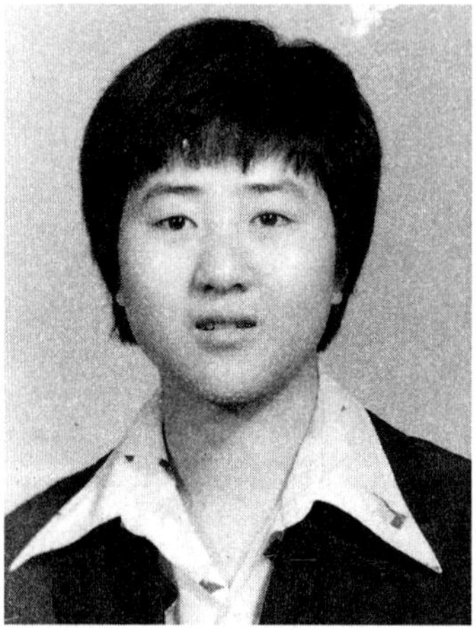

詹海燕高中时留影

女儿海燕初中三年成绩优秀。一九八四年，在三百多名的毕业生中名列前十二。按一中的承诺：前十二名优秀学生如果进本校高中，不仅免试直升，还可享受奖学金的待遇。若高考失误，还可免费回本校下届毕业班复习，以备再考。女儿有如此优秀的成绩，全家为之高兴，高中前四个学期，虽然有些起伏，但还稳定。高三上学期即将结束时，却出了大故障。

一九八七年元月的一天，侄媳妇储静生孩子，三天后要招待客人，婆婆要我去帮忙。这时家里也就剩我和女儿，她爸爸去北京大儿子家了，要到过春节才能回来。我出去时女儿还没回家。临走前我把女儿的晚饭做好，放在家里，委托隔壁邻居肖阿姨等女儿回来后热给她吃。肖阿姨是热心人，我们邻居多年，经常互相帮助。女儿回来后，肖阿姨热情地叫女儿到她家去吃饭，海燕不好推辞，就到她家去吃饭了。吃到中途，海燕就觉得饭好像没熟透，菜也有点生。女孩子好面子，没说什么，就硬着头皮吃下去了。

我把婆婆家里的事忙完，回到家里，女儿已经伏案学习了，一切都很正常。半夜里，女儿突然觉得肚子疼，她也没喊我。到了凌晨，女儿肚子疼痛难忍，起床大便，一不小心把水瓶绊倒了，开水溅到她的脚背上。听到她的喊叫，我连忙起床，发现她的两只脚都烫红并起了泡。我急忙按平时处理烫伤的办法给她处理了一下，就陪着她坐到了天亮。

我们娘俩心急如焚，当天是期终考试的第一天，但是她的双脚烫得这么红，离校又这么远，我也背不动她。即便去了，她这情绪怎么应考？无奈之下，我想到了请假，找谁请假呢？只有趁天亮前去大路上，等海燕的同学路过时带信给老师，帮忙请假。找到她的同学帮忙请假后，我就带海燕到医院门诊部去就医，医生给她开了药，第二天她的烫伤恶化了，疼得厉害，双脚暂时不能落地了。她不可能参加高三上学期的考试了。更严重的是，她的情绪全坏了，什么也不说，什么也不做，这令我很着急。脚好之后，我要她去学校看看，能否补考什么的，她也不吱声。我说我们两个一起去，她也不答应。好说歹说，她就是不愿意到学校去，我也没有办法。

进入高中后，她遇到了许多不顺心的事情。首先与老师产生了误解，接着又和班上一个叫吴大傻子的男生产生了矛盾。这个男生学习很差，品德也不好，原本以他的成绩是进不了海燕她们班的，但因为他是本校老师的孩子，学校为了照顾教师子弟，把他硬塞进好班。傻子在班上经常惹是生非，有事无事找女生取闹。一次，莫名其妙地与海燕发生了摩擦。海燕在家是老小，男孩子性格，大大咧咧，比较倔强，有理不饶人，更不能无端地受别人的欺负，也不能受委屈，所以那次他们差点打起来了。后来老师批评了傻子，他怀恨在心，找人在路上拦截海燕，扬言要打她。我知道了，到学校找老师，老师也拿这个学生没办法。因此我和海燕都提心吊胆，女儿的情绪非常不安，到了高二以后，课程紧、任务重、考试多，女儿有些承受不了，学习成绩不稳定，有下降的趋势。

那时，我已经察觉女儿身上的压力，平时也就尽量没再给她施压了。学校里的考试竞争到了白热化的程度，我们住处有两个女孩子，因为经受不住考试带来的压力先后自杀了。这两个女孩子和她的年龄相仿，由于是邻居，平时关系很好，这无形中又增添了不安的氛围。后来我才知道，有次她考得不理想，心绪很坏，一个人跑到附近的山上坐着发呆，直到很晚了也不下山。一个老婆婆过来劝她说："姑娘啊，天晚了，要回家了，你爸爸妈妈在家等着你呢。"她这才回来。

新学期到来，我和她一起去学校，找老师道歉，并说明情况。老师也没要她补考，她的情绪才安定一点。

压力大了，什么意外的情况都会出现。一九八七年七月六日的夜里，也就是高考的前一天，生理期突然提前，她肚子疼得要命，直不起腰。这天夜里，天又下起了大雨，天亮时，雨越下越大，雷也越打越响，路上积满了水，行人也无法行走。我非常着急，决定去找县医院妇科大夫卓世翠，可我们两家的距离太远，那时县城也没有出租车，我抓起雨伞就向卓医生家跑去。雨太大，伞已经撑不住了，我只得冒雨往前冲，卓医生看到门外浑身淋得透湿的我很是惊讶。我站在门口说明了情况，卓医生立刻进屋找来了药。我把药塞在心口处，不想让它淋湿，道了声谢后，就快步往家里赶。回家后我让女儿喝下了药。她依然愁眉不展，但情绪稳住了。海燕带病进入了考场，三天的高考终于坚持下来了，但影响是明显的，这一年，她落榜了。

为优秀同行上公开课

教师的主要职责是教学，也就是靠课堂来传授知识。我订阅了多种报刊，喜欢看杂志上面别人公开课的实况，走出去听别人上课，在校内听有经验的老师上课。自己每上一节新课都做到精心设计，合理安排，有时自己在家里默默试教，有时在班上试教，直到自己满意了才正式上课。因此，学校领导及学生家长对我的教学质量比较信赖，有些家长听到我带哪个年级的课，就主动找到我，找到校长，要求把孩子送给我教。

一九八三年春天，校领导为了提高老师业务水平和教学能力，特地组织了部分老师去合肥师范附小听课，我也参加了。合肥师范附小开了二十多节课供我们学习，我听的是数学，一至五年级的课都听，他们教得很好，我学到了不少东西。转眼到了深秋，一九八三年十一月，合肥师范附小领导及部分老师一行十余人要来我校参观，并且还要听课。校长再三推辞也推辞不了，只有接受了。我也是被听课的教师之一，虽然我已有三十多年的教龄，也承担过不少次的公开教学任务，但示范的对象大都是师范学生和本县教师。这回是来自省城重点小学的领导和骨干教师，都是教育战线上的行家，我怎敢班门弄斧呢？但转念一想，这是请进来的老师，机会不能错过。

我教的是“得数是12的加法”，我认真备课，虚心听取学校领导及老师们的意见，在家里反复试教，终于在一九八三年十二月十一日上午和合肥市来的老师见面了。参加听课的除了合肥师范附小的老师之外，还有县教育局、教研室的部分老师，来自本县双河、南溪两个区的部分老师，来自梅山镇的老师。教室里挤得水泄不通，学生连上台板书的空间都没有。

大家聚精会神地看着我，我激动的心情不知怎么反而平静了下来。我依托自制的教具卡片，有条不紊地进行教学，由于准备充分，加上平时严格训练，学生与我配合得很好，课堂气氛生动活泼，学生的整个积极性调动起来了，教学效果显著。下课后，合肥师范附小的校长、老师走上讲台与我握手，祝贺我讲课获得成功。校长连声说：“生姜还是老的辣。”同时还不断地问我教具制作的方法及运用的情况等，其他的老师也讲了我上课的许多优点。

事后我想，他们是客人，不好多讲缺点，其实那天讲课，我因为紧张，误把 9+3 写成 8+3。他们走后，钟校长要求我们老师每人写一篇心得体会，我就把自己的体会包括失误都写了进去。

海燕飞到了大上海

听到海燕高考失利的消息，先是他二哥叶鸣从上海赶回来看她、安慰她，把她接到上海去住了一段时间，和她谈心，带她散心。然后她大哥大嫂把她接到北京，让她到北京放松一下心情，缓解一下压力。经过一番调整，海燕的心情好多了，又投入到了新一轮高考复习中。

在陪女儿备战高考的过程中，我深深感到，女孩子和男孩子的不一样，女孩子的心理比较脆弱，在巨大的压力面前，容易出现问题，并且不是轻易可以调整过来的，需要漫长的时间恢复。

一九八八年临近高考时，海燕没有告诉我，悄悄给她的三哥写了封信，想让她三哥在高考时回来帮帮她。信发出后她三哥那里没有回应。有一天，她跟我说："妈妈，三哥能回来吗？"我说："你三哥工作忙，不可能回来。"她又说："我已经给他写了信，他不回来怎么也不回信呢？"我这才了解事情的原委。我理解女儿的心情，她喜欢三哥，三哥也耐心，他们能说得来，她想三哥回来陪她，送她参加高考。我说："你写信给他，他不了解情况也不好请假，我来给他写信吧。"我立即给老三叶鹤发去了一封挂号信说明情况，要他向领导请假，务必在高考的前三天赶回金寨，陪妹妹高考。有了这封信，叶鹤向领导请了假，于七月三日赶回家。他一回来，海燕的情绪就好多了。叶鹤与妹妹进行了沟通交流，感觉聊得很顺畅。

虽然有我和叶鹤的陪伴，临考前海燕依然很紧张。七月六日这天晚上，她不能吃也不能入睡，老想吐。我先让她睡在床上，床上有蚊帐，天热又不敢给她吹电扇，我就坐在床里面，用扇子轻轻地给她扇。她还是睡不着，一直想吐，我们把她扶起来，在屋门外面支了个床让她睡。三哥坐在她旁边，小声慢慢地跟她说："你闭上眼睛，放松，静下心来。"就这样翻来覆去，海燕一个夜晚都没有睡意。

第二天吃过早饭，叶鹤骑自行车送海燕去一中考场。那天特别热，中午，叶鹤又顶着火辣辣的太阳去接她。回到家里，我发现她的情绪还不错，心里立刻安定了许多。有三哥叶鹤的护送，海燕顺利地度过了三天高考。一九八八年，海燕被上海铁道学院通信专业录取，我们全家激动得热泪盈眶。海燕艰难曲折的高中生活终于结束了，海燕飞到了大海边，赢来了崭新的大学生活。

甘为人梯

重回金寨后，我已进入老教师的行列。老教师要带新教师，我们那个时代一直这样提倡。老教师要真心爱护青年人，必须站在他们中间，不能站在他们的对面说长说短，还要身体力行，认真对待本职工作，不计较个人得失，正确对待荣誉，尽量做到严于律己，使青年人尊重你、信赖你，有话愿意同你讲，这样才能逐步建立友好关系。

孟庆秀同志工作勤勤恳恳，为人忠厚老实，她背家庭包袱，怕申请入党党组织不接受她。我上门与她谈心，并帮助她写好申请呈交支部，她于一九八四年加入了中国共产党。

关心青年成长，要有甘为人梯的精神。人们常说“同行是冤家”，我却认为“同行是朋友”。我干了几十年的教研组组长，与几十个中青年教师共事，我们之间也不断地展开竞争，但我们从未因为竞争而伤了感情，关系融洽友好，为了事业后继有人，我甘为人梯。

低年级数学组历来是青年教师多，这是学校有意的安排。青年教师进校后，最害怕上级领导、校领导听他们上课，我理解他们的心情，主动为他们排难。首先为他们上好示范课，然后帮他们备课，帮他们做教具，甚至上课的语言、板书、教具使用、各教学环节时间的安排……都为他们考虑好，然后把自己的班级提供给他们试教，每次试教后都为他们提出改进意见，直到认为满意了再让他们上阵，使他们一炮打响。

县、镇领导来听青年教师柏华丽上课，我就按上面的程序帮助她。县、镇领导听过她的课后表示满意，并给予好评。还有青年教师刘昌玲、陈业兵等，我都是手把手辅导他们上课。他们不但能在校内上公开课，对外的公开课也收获了良好的评价。

一九八五年五月，地区电教馆举行小学语文数学电教观摩评比，胡校长决定由我承担这次任务。当时我已经五十二岁了，在教学第一线干了三十七年，上过不计其数的公开课，但没有一堂实况录像课，这次录像正好填补空白，我应尽力上好这一课。回到家里，我想了很多，特别是各级领导都在向年轻化方向发展，老的要下来，年轻人要上去，教育事业才能朝气蓬勃。对于扶持年轻人上马，老教师应具备宽广的胸怀。因此我当机立断，这次录制我一定不能上，要让青年老师上，把他们推上去经受锻炼。

第二天，我向胡校长、江主任说出了心里的想法。胡校长恳切地说：“这次录像事关重大，要求有很好的教学基础的老师上，你平时上得多，而且每次上的都不差，还是你上吧。”我也恳切地说：“还是让青年老师上比较好。”我们谈了许久，我终于说服了校长，这节课让青年教师邹立平上。

决定改变后，我不是轻松了，而是任务更重了。我下决心帮邹立平老师上好这节课。小邹原来是教语文的，刚改科，学校要她承担公开课的任务，她自己也担心，怕上不好对学校有影响。我安慰她，要她正确对待外来的干扰。我帮她熟悉教材，制定计划，深入课堂反复听她试讲，提出改进意见。她好胜心强，压力太大，竟焦虑得饭吃不下、觉睡不着。我又从生活上关心她，录像的前后，我一直陪伴她，录像时我一直坐在教室后面关注她。我明显地感到，有我坐在她身边，她胆大多了。最终，她顺利地完成了录制任务。我松了一口气，握住她的手向她祝贺。她紧紧地攥住我的手，激动地说：“詹老师，谢谢你，你太累了，我上比你自己上还累。”我说：“我累不要紧，只要你得到了锻炼提高，我就满意了。”她上的录像课在学校的公开课评比中获得了一等奖，受到了地区的好评。

一九八七年四月，邹老师又承担了梅山镇举行的同年级教材电教观摩评比的任务，因为有了之前的经验，她比上次进步、成熟多了，最终一举夺冠。

家里出了个作家

在我的印象中，小学三年级前，大儿子在作文上都没有表现出特别的才能。他不会做，老是跑来问我：“妈妈，这个作文怎么写？”我和他讲了一次又一次，从看图说话讲到命题作文。我很烦恼，这个孩子不是挺聪明吗？何时才能自己完成作文呢？这种询问大约持续了有一个学期的光景，之后他才不来问我了，能够自己完成了。到小学毕业时，他的作文就很上路了。一九六六年升初中的作文考试，他得了全区第一名。试卷还在评卷教师中产生了争议，为了平息矛盾，把他的作文分数又降了一大截。不过依旧被高分录取。

大儿子一直愿意在文字以外的领域有所突破，但命运一次次把他拉回到文字上来。一九七二年，他正在金寨中学上高中，那时候，金寨最有名的高中数学教师陈德武对他的学生的要求是：即便在“文化大革命”前高考，我也不要求我的学生数学考八十五分以上，因为我出的考题有十五分就没有想让他们做出来。大儿子在解析几何上下了大功夫，他的数学考试，大都在九十分以上。所以他那时想上理科大学，但因为交白卷的风波，他不能上大学了。他去参军了，理科和数学便废了。

大儿子以优异的成绩完成了大学四年所有课程，荣获学士学位。他的各科成绩平均在八十五分以上。他是连续四年的“武汉大学三好学生标兵”，在学校举行的作文竞赛上，他第一次得了一等奖的第一名，第二次得了二等奖的第一名。毕业分配时，解放军文艺社的同志选中了他。

他与同班同学谢湘朝夕相处，四年的学习生活使他们建立了感情，彼此相爱，志同道合。毕业时他二十八岁，谢湘二十七岁，他们俩商议了一下，就在武汉举行了简单的婚礼。结婚后谢湘分到北京，在《中国青年报》一干就是二十五年。

在解放军文艺社，他的工作是当编辑。他勤奋工作，刻苦钻研业务，取得了不少成绩。他编辑出版的书籍，有两本曾获得全国诗歌大奖和全军文艺大奖。军队有很多著名作家都是由业余作者成长起来的，和他们共同战斗的编辑都有比较深厚的友谊。著名作家阎连科和大儿子叶鹏是同一个部队的战友。那时阎连科还是宣传处的文化干事，他的中篇小说《两程故里》是大儿子任责任编辑。阎连科在北太平庄的书库里住了半个月，修改这部中篇小说，儿子每天和他在一起，讨论人物的发展，限定人物的环境，改得相当艰苦。儿子说，阎连科每天一章，基本达到了设定的目标。

茅盾文学奖获得者、长篇小说《历史的天空》的作者徐贵祥，和大儿子是老乡。他们相识在大儿子主持的创作班上，那时的徐贵祥是部队的宣传干事。在四川夹江川藏兵站部的后勤库房里，大儿子和他住在一个套间。大约二十多天的光景，徐贵祥修改完成了他的中篇处女作《潇洒行军》。他们详细讨论结构，一步步完成人物性格。儿子后来说，他非常欣赏徐的独特的写作气势。

除了搞好本身工作之外，他还自己利用业余时间搞创作，写了大量的文艺评论。在二十世纪八十年代，叶鹏的评论经常在《人民日报》《解放军报》《文艺报》《文学报》《文汇报》《文学评论》《当代文艺评论》《小说评论》等全国权威报刊上发表，并且出版了文艺评论集《切割艺术空间》。

他积极投入改革的生活，创作了长篇报告文学《希望在南方》和《蔚蓝色的九九九》，前者还获得了当年年度“全国优秀长篇报告文学奖”的提名，入围最后二十本的投票。这本书还获得了当年年度的“全国读书评论奖”，他是中国作家协会会员、中国当代文学研究会会员。

记得他在上大学时和我说过：“我们家要出专家，要出高级工程师，要出教授。”他从来没有说过，我们家要出作家，但是我们家出了一个作家。

为民族气节而战

二儿子叶鸣在复旦大学分校读本科。他品学兼优，全面发展。先后获大学写作竞赛一等奖、百科知识竞赛第一名、英语竞赛二等奖，是政法系唯一连续四年获校级“三好学生”的特优生，还担任了政法系的团总支书记和年级党支部委员。每年暑假都享受学校举办的优秀大学生夏令营活动，游览祖国大好河山。本科毕业时所学三十六门课平均九十二分，名列全系毕业班一百二十九名学生之首。

毕业分配时，大学和系里都想留下他任教，为此多次派人到部队联系。叶鸣在大四实习过的上海市中级人民法院，也很想要他去工作。但部队在得知叶鸣的优异成绩和表现后，坚决不放，学校十分惋惜，只好让叶鸣回部队工作。

叶鸣获法学学士后被分配到上海军事法院任审判员。在法院工作期间，很多时间被上海市中级人民法院、南京军区和总政治部机关借调，从事理论研究、法制宣传和办案。他应邀参加编写《上海公民法律常识读本》《生活实用法律手册》《军人常用法律知识解答》等书籍，由上海人民出版社出版。他多次随领导下基层，给连队官兵讲授法律课，普及法律常识，写下了近二十万字的讲稿，被上海警备区、南京军区和总政治部向全军转发。一九八六年他所在的上海军事法院因普法教育成绩突出而被总政治部和中央普法办评为全军三个普法先进集体之一。

一九八六年，他参加由中央电视台、中国法学会和《民主与法制》杂志社联合举办的全国首届法律知识竞赛，荣获一等奖。决赛时，中央电视台向全国转播了这一实况。

这天晚上，我早早地坐在电视机旁，高兴地等待这一不寻常时刻的到来，一睹儿子的风采。竞赛开始了，我目不转睛地看着儿子。关切地注视着他的每一次回答。他从容、老练地回答、抢答，在竞赛场上没有出现点滴失误。我为他流下了兴奋的泪水，这一夜我未能入眠。比赛后他荣立三等功，其事迹先后在《解放军报》和上海电视台专门报道。

一九八八年二月，叶鸣经批准参加全国研究生统一考试，六月被复旦大学研究生院录取。同年八月一日，他被授予上尉军衔，月底他脱产到复旦大学研究生院学习，攻读国际法硕士学位。他品学兼优，获一九九〇年复旦大学首届“光华奖学金”一等奖。同时参加全国律师资格考试，获得了律师资格。在校期间他作为主要作者编写了《涉外官司 40 例》一书，由江苏人民出版社出版。另外还参加编写了由上海市人民出版社出版的《中国行政法辞典》。

一九九一年叶鸣获法学硕士后，又获美国俄勒冈州威廉特大学法学院全额奖学金资助，赴美攻读法学博士学位。在美研读期间，担任该院著名国际法教授南夫奇格的研究助手三年，主攻美国商业法和国际贸易投资法，发表论文三篇，并在该州州府所在地一家著名律师楼任特邀研究员，为研究该州对华贸易的状况提供咨询意见。

叶鸣获法学博士学位时留影

一九九四年暑假，应中美关系全国委员会之邀请，在美国国务院新闻总署福特基金会的资助下，叶鸣赴美国东海岸弗吉尼亚州、华盛顿特区、费城、波士顿和纽约等地，进行一个月的访问考察，广泛接触政界、财界、企业界、学术界和法律界人士。

一九九四年十二月，叶鸣获法学博士学位，被格兰律师事务所聘为国际法顾问，负责该所对华业务。同月应聘为香港中威轮船公司的出庭律师，返上海参加对日本索赔案的开庭。他先后四次回上海办理此案。

叶鸣于一九八八年十二月应邀参加中威船案律师团，并于一九九五年一月获得美国法学博士学位后担任该案的主要出庭律师。从一九九五年开始，他往返美、中两国，要工作，还要顾家。为了办好这个案子，他付出了大量宝贵的时间和精力，了解掌握案情，对照国际有关法律，分析研究案情。有时把妻子女儿丢在美国，只身一人来中国。

一九九六年的春节，他一人在上海过。当时原告陈春在经济上已经陷入了危机。许多好心人都劝叶鸣不必这样投入，将来会越陷越深的，他说："我介入中威船案不为别的，只为日本人对中国人太不公道。我是中国人，学的是国际公法，就是要用法律这个准绳，为中国人说话，讨回一个公道。"作为母亲，我十分理解、信赖、支持自己的儿子，相信儿子一定会成功。

中威船案是抗日战争爆发前夕，日本政府海军与日本船运公司方用租赁方式蓄意吞并中国人的财产，后船在战争中沉没，日本资方拒绝赔偿，陈家三代人相继提起诉讼的一起刑事纠纷案件。陈氏两代人先是在东京状告日本政府，前后开庭了三十次，最后日本法庭以"时效已过"为由，蛮不讲理地判定中方败诉。之后，陈氏第三代人在中国上海海事法庭状告日本方，日本对此案十分紧张，因为此案如果胜诉，就打开了不可阻挡的民间索赔大门，因此日方用巨资雇佣律师千方百计地阻挠法庭的正常审判。

叶鸣是新中国成立之后党和部队培养出来的中国律师、留美法学博士，他以极端负责的精神，克服了种种困难，了解、分析、掌握案情，以事实为根据，以法律为准绳，有理有据地出现在法庭原告主辩律师席位上。

此船案的一审第五次主要开庭在一九九五年五月。这次庭审后，刚好我送家兄回台湾途经上海，在女儿家稍待一阵，有幸耳闻经过。这一次从五月二十日开始连续开庭至五月二十五日，叶鸣作为主辩律师堂堂到庭，连续作战，没有喘息之机，我与他舅父都没有去打扰他。他也没有时间前来看舅父。

庭审刚结束，他便抽空设宴招待了从台湾回大陆探亲的舅舅、表弟及其家人。我们一家人进入餐厅时，中威轮船公司索赔案律师团团长、中华全国律师协会会长任继胜先生走过来，握着我的手说："你真伟大，养了个奇才儿子。""我为我们中国出了个杰出的律师而感到自豪。"原告陈春先生走过来说："谢谢你老人家，养出个好儿子，为我们中国人说话，我含冤死去的祖父、父亲在九泉之下若能听到叶鸣今天的发言，也能瞑目于黄泉而罢矣。"我激动地说："我也感谢中国法律界的前辈对叶鸣的培养爱护，也感谢陈先生对叶鸣的信任，给了他这次为中国人讲话的机会。"

胸怀大志的选煤高工

一九七九年秋天，三儿子叶鹤进入淮南煤炭学院机电系选煤专业学习，大学四年他品学兼优，年年期期都被评为"三好学生"。一九八三年大学毕业，他成绩名列前茅，毕业分配时校方给他两个地方让他挑选，他没有选省城济南，而是选了河南平顶山。家里人不理解，他解释说："我考的是选煤专业，全国就这么一所选煤设计研究院，我的专业对口。国家为培养我花费了不少钱，我不能光考虑地区的舒适。"

2005年秋叶鹤来合肥探望我

一九八三年秋进入选煤领域以来，他严格要求自己，脚踏实地苦干，不断地取得成绩。不到三年就晋升为工程师，光荣地入了党。一九八九年五月，他被评为"平顶山市新长征突击手"。一九八九年八月，获"平顶山市1988—1989年度科技成果奖"。一九九一年一月，他因"改进型CYG-15筛侧空气室跳汰机"项目获中华人民共和国能源部颁发的"科技进步奖"和"中华人民共和国国家科学技术委员会奖"。一九九四年十二月，他因"X6042-M40平方米煤跳汰机"项目获"中华人民共和国煤炭工业部科技进步奖"。一九九七年十一月，他又因40MT/a选煤厂成套设备的技术开发与推广应用获"中华人民共和国煤炭工业部部级科学进步一等奖"。

多年来，他不断挑重担，经常连续伏案工作十七八个小时，患上了腰肌劳损，影响到腿部，发病时不能坐，不能睡，他便站着趴在桌面上设计画图。有时腰腿疼得连火车也不能坐，在火车上他硬是跪在铺上，还坚持工作看图纸。在改革开放的年代里，很多人向钱看，同他一起来选煤设计院工作的人，有的离开了单位赚钱去了，而他一心一意地待在这个院工作，并连续取得科技成果。

从二十世纪九十年代到二〇〇〇年后，他领导科研和设计任务，始终不负众望，在报标竞争中，他屡屡中标，出色地完成任务。由于他的工作出色，成绩卓著，二〇〇四年，他一举拿下两个大奖。同年他晋升为正教授级的高级工程师。他是单位在四十岁年龄段为数不多的正高级别。单位为了让他更好地工作，把他一家三口的户口同时迁到了北京。

他获得了国家科技奖，单位奖励他去澳大利亚旅游。原本二〇〇四年底成行，因他重任在肩，一直拖到二〇〇五年四月才成行。临行前他给我来电话，告诉我他要去澳大利亚旅游，听了这个消息，我当然很高兴，我为他祝福。说实话，他自幼老实憨厚，胸怀大志，为完成大志他一贯勤勤恳恳，任劳任怨，不为名不为利，埋头苦干，干出了成绩，得到大家认可。我为有这样的好儿子感到光荣和自豪。

省“五好家庭”

二十世纪八十年代，全国开展了“五讲四美三热爱”活动，各行各业都在表彰先进。一九八二年，全国妇联发出了“争创五好家庭”号召，安徽省开展了评选“五好家庭”的活动。评选“五好家庭”的标准是：政治思想好、生产工作好；家庭和睦、尊敬老人好；教育子女、计划生育好；移风易俗、勤俭持家好；邻里团结、文明礼貌好。评选自下而上，梅山一小有六十多位老师，相应有六十多个家庭。经过筛选，大家评选出常元英老师和我的家庭，作为梅山一小的“五好家庭”候选代表上报梅山镇。梅山镇经过评选，选出了四个家庭上报县里，我的家庭和常老师的家庭都被评为县“五好家庭”。

一九八六年春天，召开了全县妇女大会，总结精神文明建设的成果，表彰先进。我作为教育界的“五好家庭”代表在大会作“如何培养子女成才”的发言。

1985 年金寨县“五好家庭”证书

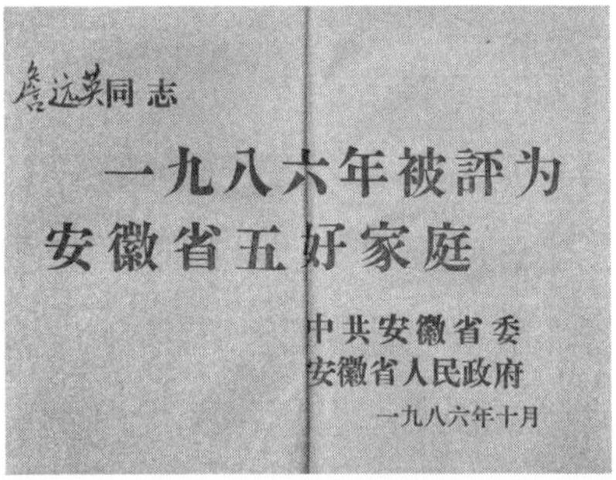

1986 年安徽省“五好家庭”证书

1986 年在金寨县妇联代表大会作“五好家庭”事迹介绍发言

当我讲到高考制度恢复以后，我们家五个子女，有四个已经考上了重点大学，小女儿是金寨一中重点班的学生，从小学到高二，每学期都是学校的“三好学生”时，会场上有点骚动，人们议论纷纷，还响起了热烈的掌声，向我表示祝贺。当我走下讲台时，许多代表都微笑着前来和我握手。县妇联主任陈万芳握住我的手，激动地说：“詹老师，你讲得真好，我是‘听君一席话，胜读十年书’啊。”我忙说：“哪里，你过奖了。”

大会发言之后，县委宣传部的洪崇华同志立即要去了我的发言稿，还专门采访了我，他写了一篇《走向社会都是才》的稿子，在省一级的教育杂志上发表。从此我们家五个孩子的事迹在全县广为传播，许多家长常以我们家的孩子为榜样，去鼓励自己的孩子。

一九八六年十月，中共安徽省委、安徽省政府表彰全省的“五好家庭”，金寨县有十个家庭受到了表彰，我们家名列第一。每个家庭都颁发了获奖证书和奖品。奖品是一面工艺品镜子，获奖证书上写道：

詹远英同志：

一九八六年被评为安徽省五好家庭。

中共安徽省委

安徽省人民政府

一九八六年十月

这件事虽然已经过去了三十年，我心中始终没有忘记这份荣誉，我们的家庭仍然在努力。

一九八六年，是我人生难忘的一年。这年开展评选“金寨县先进教师”活动，这个评选也是层层筛选。各人先写好材料，然后上报，我的题目是《忠诚党的教育事业——从教三十七年小记》，分为四个部分：第一是热爱教育事业胜过自己的生命，第二是树立牢固的专业思想，第三是为教书育人奋斗一生，第四是做好传帮带。我的材料得到了学校、梅山镇的认可，上报到县里后，我被评为一九八六年度的“金寨县先进教师”，还被记功一次。继一九五九年被评为“金寨县先进教师”的二十六年后，我又一次获得了这个荣誉。一九八七年我便退休离开了讲台，这次获奖，为我三十八年的教育工作画上了一个圆满的句号。

1986 年金寨县立功证书封面

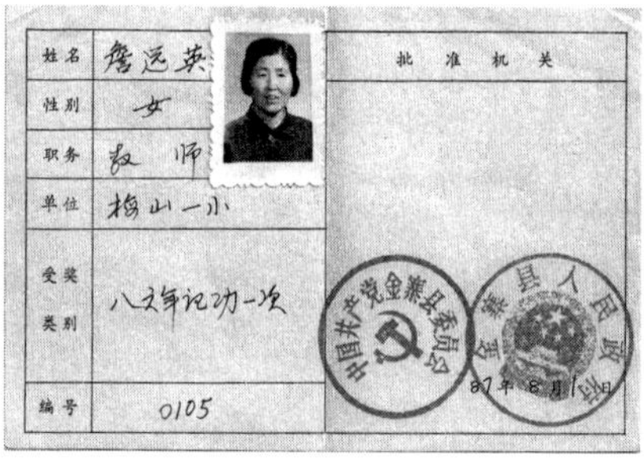

1986 年金寨县立功证书内容

三十八年后激流勇退

艰苦生活的折磨，加上“文革”的摧残，我患上了多种疾病。神经衰弱、老年气管炎、肺气肿……一九八〇年我肺气肿病发作得厉害，学校领导要我住院治疗，医生发现我呼吸困难，气喘吁吁，关切地说：“你这种毛病是气不足，你的肺已经拉长到十一肋骨下沿了，不能再教课了，我们给你写证明，建议学校给你调换工作，你歇歇吧。”

一九八四年春天，阴雨绵绵，我的老毛病又发作了，内科医生给我治病，又一次告诉我："你不能再教课了，我们给你写个建议，请学校照顾照顾你吧。"同级的老战友常元英同志见我上课两肺扇得从棉袄外面都能看得见，她流着泪关切地说："你回去休息吧，我来干。"孩子看我艰难的样子，苦苦哀求："妈妈，为了我们，您不要再干了。"丈夫也说："别人拿钱治病买命，你不能干还硬干，简直是卖命啊。"我想，不上课就能使我的病好了吗？不能，我应坚强起来，战胜疾病，坚持教学。多年的疾病缠身，使我对疾病有了认识，它也像弹簧一样，你强它就弱。同时也摸到了一些对付病的办法。首先是不怕，特别是慢性病更无需怕，据我了解，有的人不是死于病魔纠缠，而是死于对疾病的恐惧，我不怕反而好些。我想到了人生的意义不在于生命的长短，而在他生前所做的贡献。著名诗人臧克家曾经说过："有的人活着，他却死了，有的人死了，他却活着。"这些话对我启发很大，鼓励我战胜疾病。同时我也仔细揣摩发病的原因、时间，掌握病情，不乱吃药，平时加强锻炼，数十年如一日地坚持早锻炼：慢跑、打太极拳、做呼吸体操、散步，等等，通过这些，不但磨炼了我的意志，也增强了我的体质。我的病好了许多，在三尺讲台上，我又坚持了好几年。但自然规律不可抗拒，随着年龄的增长，我上课越来越吃力了。每次发作，一咳嗽就是一个多月，上课时讲一句话咳一口痰，一堂课下来半痰盂白痰。

我痛苦不已，从内心来讲，几十年的教学生涯，我与孩子们建立了深厚的感情，我热爱孩子、热爱教学工作胜过一切，我舍不得离开课堂。我的信条是如果上课，就一定要全力以赴。但是全力以赴，我又经常力不从心。如果要我敷衍、不使全力，我做不到，如果那样做了，也是对孩子们不负责，是误人子弟。一九八七年七月十日，我向上级领导打了报告申请退休。尽管学校领导一再挽留，我去意已定，终于在一九八七年十月，我走下了讲台。

一九八七年秋，全国教师开始评定职称，我受全校教师的拥护和信任，被选为评委，同时第一批被评为小学高级教师。《金寨县教育志》（第十六章：职务评审；第三节：小学高级教师简介，梅山地区）一书中有条目记载，以示党和政府对我几十年教书育人的评价：

詹远英（一九三三年生），女，河南商城县人，一九四八年毕业于商城县中。先后任金寨完小、梅山水库职工子弟学校、金寨师范附小、双河小学、梅山一小教师。长期从事低年级教学工作。语文从字词到看图作文；数学从口算、笔算到概念都教得深透，教学质量良好，尤其是课堂教学艺术较好，常举行示范教学培养青年教师。五一年、八六年两次出席县妇代会，六十年代出席县文教群英会。八六年曾被评为县先进教师，获安徽省“五好家庭”称号，受到省、县政府的表彰。

失散半世纪的亲情

一九八七年五月，小儿子叶鸽大学毕业，我去武汉理工大学了解他的分配情况。在汉口长途汽车站等车时，看到了曾油坊老家的远门侄儿叶召宣，他告诉我一个惊人的好消息，说我四十年前离家出走的哥哥詹远来给大陆的亲戚来信了，还给我的两位堂哥捎来了钱，信和钱都是我大姐的儿子叶召忠从香港带回来的，叶召忠知道詹远来在台湾的地址。从叶召宣的口中我得知，老家的亲戚早就知道我哥哥的消息了，但是他们都没有告诉我。可能是因为我已远离老家，也可能有其他的隐情。

我像做梦一样回到了金寨，把这个惊人的消息告诉了家人，并着手打听我哥哥在台湾的地址。一九八七年春节后，老叶回到了曾油坊，他费了很大的力气，终于说服了叶召忠，让他说出了我哥哥詹远来在台北县的家庭地址。我立即与哥哥联系，那时国内只有北京和上海才能与台湾邮政通信，我把写好的信分别寄到北京和上海，分别从大儿子和二儿子两处寄往台湾。一九八八年四月，我哥哥在台湾就收到了我寄去的信件，五月，我也收到了他的回信，分别四十多年的兄妹终于在信上通话了。

我们兄妹喜悦的心情无法言表，刚通了三封信，哥哥詹远来就决定回来探亲。一九八八年七月七日，商城县对台办的人护送哥哥到金寨，金寨县对台办的工作人员突然给金寨二中打来了电话，让我们去县对台办迎接哥哥的到来。对于突然到来的喜讯，我一点心理准备也没有。

1988 年 7 月哥哥首次回大陆探亲在金寨梅山合影

那天正好是海燕第二次参加高考的第二天，一边是天大的喜讯，一边是紧张的高考。我把女儿送进了考场，就去县对台办与哥哥见面。当我走进对台办的办公室时，看见站在我对面的“陌生人”，虽然四十年的时间让哥哥的模样在我的脑海里已变得模糊，是哥哥！我瞬间就分辨出来了，一下子扑向哥哥，放声大哭起来。此时此刻，悲喜交加，难以言表，全家人都沉浸在幸福和欢乐之中，我立即通知几个在外地的孩子，让他们赶回金寨和他们的舅舅团聚，老二、老三、老四都很快回来了。我没有让老大回来，因为要让他接待哥哥一行人去北京观光旅游。

哥哥回来了，县对台办设宴招待哥哥，我们夫妇两个单位的领导和同事们纷纷来家看望，家里人来人往，很是热闹，这种情况对正在参加高考的海燕极为不利，但此时已无暇顾及，哥哥的归来成为家庭的中心大事，不分白天和夜晚，长谈分别四十年的心里话。说到伤心处，兄妹痛哭流涕；说到高兴时，大家笑逐颜开。

一个星期后，正值海燕填报高考志愿和体检，我也顾不上了，七月十四日，我陪哥哥专程回商城老家祭奠父母，探望亲友。哥哥花费了很多钱，祭祖，设宴招待亲友，同时又馈赠亲友贵重礼品，真可谓衣锦还乡，回报祖上和亲友。

在曾油坊活动一周后，我和哥哥一行由河南信阳来到北京。大儿子叶鹏和儿媳谢湘请假在家做接待准备工作，又早早地到北京火车站迎接。哥哥已习惯在外面住，大儿子把他安排到自家对面、总参测绘局招待所，两地相距不到五百米。

大孙子叶珠峰出生刚三个月，亲家老两口正在大儿子处帮助照顾孩子。孙子的外公刘克正——一个教育界的老专家，专门陪同我和哥哥一行在北京各处参观。亲家公知识渊博、温文尔雅，耐心细致地为我们介绍北京的名胜古迹。游览期间，大儿子夫妇在北京和平门烤鸭店宴请哥哥，并为哥哥六十大寿庆贺，大家举杯相庆，欢乐无比，哥哥心情十分愉快。

半个世纪前，哥哥离家出走，实是家庭的悲剧。其时，我父亲已过世多年，为避战乱，全部货底被洗劫一空。母亲独立支撑全家四人的生活，负担过重，对哥哥要求过严，关爱不够，造成母子失和，哥哥只身闯荡社会，十四岁离家后再无音讯。说起来，哥哥去台也充满传奇色彩。他所在的部队很少和解放军正面接触交火。在国民党失败后的大溃退中，解放军的枪声几乎紧追在他们身后，在很多人被俘虏时，哥哥随部队从越南等地撤到了台湾。

哥哥只有两三年的私塾文化程度，在上尉的官阶上退出了现役，成为“荣民”，相当于大陆的老干部。作为退役的低级军官，哥哥的温饱生活没有问题。哥哥一生老实，不善造势，没有大富大贵，有一点积蓄，也是省吃俭用而来。但哥哥多年在外，为人很是豪爽，非常讲究礼节，对父母心存孝敬，对亲友出手大方。哥哥一回来，就带我去跪拜父亲的坟地，接着出钱在父母坟前立碑，将祖坟修葺一新，可以说哥哥是詹家最顾家人、最孝顺、最大方的人。

关爱每一个学生

一九八七年的春节是难忘的，我三十年前教过的学生张传安，特地为我送来了一张年画，并亲笔写上：三十五年师生情朝夕难忘。还有新来的小朋友韦宇，他的家长在一九八六年教师节前夕给我送来一个保温杯，并深情地说：“詹老师，您有气管炎，不能喝凉水。上课讲渴了，下课喝杯热茶吧。”小韦宇于一九八七年春节前用自己的零花钱给我买来了年历，他用拼音字母写道：詹老师，新年好！

这些礼品，在有些人眼里并不值钱，实在是微不足道，可在我眼里，黄金有价情无价。面对这些纯真的情感，我的眼睛湿润了……

我和张传安的师生情谊始于二十世纪五十年代。他是家中最小的男孩，要强、淘气、不爱学习，我经常进行家访，经常与他接近，建立感情，发现他的闪光点即时给予表扬，他终于转变，中间虽因父亲错划“右派”而受牵连，一度失去上学的机会，但靠自学成才，当上了人民教师。爱是教育好学生的源泉。关心爱护每一个学生，是一个热爱教育事业老师的基本素质和责任。从教三十七年来，我始终以慈母般的心肠关心每一个学生，张传安只是其中之一。

二十世纪五十年代我教过的学生江世彻，他父亲一人工作，兄弟姊妹多，生活十分困难，他学习认真，成绩优良，我一直关心爱护他。冬天他衣着单薄，我就拉他到自己家里取暖，生病了给他药吃。“文革”期间，他因父亲问题受牵连下放，生活艰难，患上了疾病，招工问题一时不能解决。我以一个老教师的身份，向上级反映他的真实情况。经有关单位考核后他被成功录用，现在他是县直某单位的得力骨干。

二十世纪七十年代我的学生王永红、江梅等人，守纪律，学习用功，但反应较慢，成绩上不去。每当考试成绩不好时，我从不批评她们，总是和蔼地说：“你们努力了，老师不能责怪你们。”耐心、细致地为她们补课，上课多提问，下课多辅导，使她们没有掉队。王永红考上了六安卫校，后来成为县直机关的工作人员。江梅考上了高中，还是县女篮的得力队员。

八十年代我的学生吴同是家中唯一的男孩，自尊心特强，做错了事也不愿听批评，一批就索性躺倒不干了。针对独生子女的特点，我尊重他，遇事多表扬他、关心他。他生病了，我去看他，给他补课，慢慢地与他建立感情。他进步很快，顺利地升到四年级。现在他是一名现役军官，探亲时经常来看我。

再如王浩，他天资聪明，反应快，就是贪玩、懒惰，经常不做作业，逃学。父母工作地离家较远，实在拿他没办法，成绩不及格，只好留级。由于他父母对我信赖，要求让他到我班来，我教数学，与班主任配合十分密切，就接收了他。接收他后，他仍像往常一样。我从不厌烦，也不挖苦，采用正面教育，耐心诱导。我常带他回家当面辅导他做作业，慢慢地他愿听我的了。他的成绩提高很快，一九八六年七月县统考，他的数学得了九十分，顺利地升入了四年级。现已是县医院的一名化验医生，医术和医德都很好。

几十年的教师生涯，我教书育人，与孩子们建立了深厚的感情。我爱学生，学生爱我，无论走到哪里，都有学生亲热地招呼我。平时我生病在床，孩子们一个个跑来看望我，有的为我送来鲜花，有的给我倒开水，有的给我倒痰盂，有的把自己的水果死死地塞到我的嘴里。我退休后，他们也经常来看我，遇事主动帮我排难。

三十七年的风风雨雨，使我饱尝艰辛，历经坎坷。我热爱教育事业，热爱自己的学生，就像有首歌《闪光的露珠》里唱的一样：

我是一颗露珠
滋润着美丽的花园
当蓓蕾绽开青春的笑脸
露珠也在干枯
我不悲伤，我幸福
我做了花儿的乳母

我是一寸泥土
把种子育成幼苗脱出
当幼苗长成参天大树
泥土仍默默地铺在原处
我不悲伤，我幸福
我做了栋梁的立足基础

上海地铁公司

一九八八年秋，女儿海燕走进了上海铁道学院。她自己和我们全家都很高兴，她以积极向上的精神在大学学习。一年下来，各科成绩均达到优秀，拿到了学院颁发的一等奖学金。当时学院有规定，百分之二的专科生通过考试可转为本科生。这一规定大大激发了她的求知热情。她把这一信息告诉了家人，家人都支持她迎接挑战。特别是她身边的二哥，更是经常督促她、鼓励她好好干。一九八九年又是一个动荡的年月，有些学生不知所措，她顶住了，埋头学习，不问外面的事情。功夫不负有心人，在专转本的考试中，她以第一名的成绩顺利通过，成为本科大学生。以后她的学习成绩一直居上，年年期期均被评为"三好学生"。

一九九二年她大学即将毕业，毕业分配成了全家关注的问题。尽管她成绩优异、综合素质较强，已是同届学生中的佼佼者，但分配到哪里，谁也不知道。我们家人都希望她能留在上海。分配前她得到一个信息：上海地铁公司新成立，缺人。据说向他们的专业要八名应届毕业生，但学校是否推荐她，她全然无知。

当时，她二哥已去美国求学，他关心妹妹的毕业去向，写信给他在上海的朋友，请他帮忙。海燕找到了这位朋友，此人忠于友情，热情接待了海燕，给海燕指出了路子，要海燕自己去找上海地铁公司人事处的领导，直接面呈自己的就业请求。海燕的大哥大嫂也非常关心此事，大嫂还特地找了海燕所在学院的有关领导。

那时大学毕业生还处于等待学校分配的状态。在和二哥朋友接触的过程中，海燕明白了许多道理：凡事要靠自己努力去争取，才能有成功的希望。她鼓励自己：豁出去，去找、去求。于是，她毅然去了地铁公司人事处，找到了处长，谈自己的专业，分配的想法、要求和对未来的追求。第一次接触下来，她觉得处长对她的要求不是很反感，就接连去和处长交谈了几次。九十年代初的大学毕业生分配，还没有完全走向市场。一个女学生，能主动到用人单位倾吐心声，获得了人事处长的好感。

他查看上海铁道学院报来的推荐材料时发现并没有詹海燕的，处长很惊讶。他觉得海燕朴素大方，语言能力也很强，个人形象也不错，其素质和志向与地铁公司的发展很契合。于是，破除常规，亲自到铁道学院点名要接收海燕去上海地铁公司。听到这一喜讯，我们全家大为振奋，我高兴地流下了眼泪。

再次回到母亲跟前

母亲过世时，我才十六岁，年幼无知，生活无着，漂泊流离。婚后由于工作、家务缠身，对于母亲坟地的确切位置也记不清了。一九八七年十月退休后，我开始寻找母亲坟墓。

一九八八年七月，我和哥哥一起，顶着三十九度的高温，回到家乡河南省商城县。在表弟熊仁书的带领下，来到商城东关外乡村，找了一山又一山。因表弟年轻，过去的地方他不知道，现在的商城变化又很大，事后才知这次连方位都错了，我们失望地回来了。

一九八八年十月，我继续找线索。我记得那时有位亲戚姓卢，我们叫他卢大哥，母亲的后事他帮助办理过，出殡下葬他都在场，若能找到他，事情也许就能有突破。经过多方打听，知道他还健在，我与丈夫几经周折终于找到了他家。我说明来意之后，他很热情地带我们去到东城外埋葬母亲的地方。因多年无人包坟，在众多的坟包中，已认不清哪座是母亲的阴宅。我们到周围住户询问，大部分村民都是新近迁来的，不知其事。凭着我的记忆，肯定了这个方位的正确性，因为对当年送葬的情景还有印象。一九八九年正月十五前夕，我决心趁人们祭扫祖坟时去查找询问。十四这天，我带着小儿子叶鸽赶到商城，事先联系好的侄孙詹少友也赶来了。正月十五是传统的送灯节，叶鸽和少友两人于中午前到那片坟地，看见前来送灯的人就询问。随后我又和卢大哥一起去了，送灯的人络绎不绝，但都是小辈，对多年前的事一无所知，我们再次失望而归。

我不死心，一九八九年四月清明节前一天，我邀外甥冯伦奎陪我到商城去找。我们姨甥二人来到商城找旅馆住下，晚饭后伦奎对我说："四姨，你这么有孝心，这么诚心，姥娘一定会显灵的，一定能找到她老人家的坟墓。"

说也奇怪，头天下了一夜的大雨，第二天天气忽然晴朗起来。我和伦奎一大早起床，随便吃点东西，就去了坟山。我们在那块坟地周围找啊找，忽然发现我的伞头子下面是石灰。我问伦奎："这不是石灰吗？"伦奎说："是的。"我说："这块像是坟地。"因为下葬时，棺木四周和上下都要用很多石灰。我说："咱们就在这里挖吧。”伦奎顺着石灰向上挖，真的挖出了棺木，棺木大小头都能分得出来。接着挖，靠着这坟地的中间好像也有棺木。又挖，果真不错，比右边的棺木稍高一点。接着又挖靠左边的，又发现一口棺木，比中间的那口棺木稍高出一点，说明这是一座三人合葬的坟墓。这就无疑问了，当年，我母亲葬在中间，过了一年，我三姐死了，送来与母亲合葬，过了一些时候，我外祖母的棺木又从别处抬过来，也葬在这里。一家三代合墓，只有我家才有。找到了三位亲人的坟墓，我们有说不出的高兴。在伦奎的帮助下，我马上雇工包坟，一直包到天黑才包好。我们在坟前烧香纸、放鞭炮、下跪磕头，我心中的一块石头落地了。

第二天吃过中饭，我们返回金寨，正好赶上一辆由武汉返回淮南、又会直接经过梅山的长途客车。伦奎说：“四姨，心诚能感动上天，今天这么顺当，除了上天保佑外，外婆也在显灵啊。”

一九八九年秋，我决定重新修建母亲的坟墓。这事得到丈夫的支持，他同我跑了几趟商城，找人看山向，确定日子。台湾的哥哥大力支持，他出钱，我出力，兄妹齐心协力。一九八九年八月十六日，母亲的坟墓维修一新，四周全用石块和水泥砌成，碑也竖起来了，大人孩子的名字全刻在碑上。修好的坟墓，远看近看都很气派。母亲生前好强、爱面子，总算满足了她老人家的心愿。

帮助有志青年

我的五个孩子先后考上大学后，在周围的亲友中产生了很好的影响。大家认为我家的风气正，有读书氛围，有榜样的力量，因此只要孩子有希望升学，都会找到我家帮忙，而且我家住在县城，能为他们参加高考提供方便。

我二姐的外孙张英洲，家在南溪乡，他在南溪中学就读，一九八二年高中毕业，来县城参加高考，住在我们家。我热情地接待他，每天做好饭菜等他回来，他晚上洗澡换了衣服，我给他洗好晒干。当时我家的住处还小，我担心会影响他晚上休息，与学校商议，借到了附近的一个教室，在教室支了一张床，挂上蚊帐，让他好好休息，第二天一早再把床拆掉。张英洲感到很温暖，考试发挥得比较正常，考上了安徽省商业学校。

张英洲在校学习全优，本可留校，但他一心想回家乡工作。回来后农村里所学专业用不上，留县城又遇到了困难。我对他比较了解，觉得他留县城工作更能发挥作用。我帮他联系工作，最后以我身边无子女为由，帮他留在了金寨县农资公司做财会工作。张英洲工作认真负责，不久就被提为主管会计。他努力学习，考上了注册会计师，发展很快，先后担任了金寨县审计局副局长、县纪委某组组长。

老叶的堂侄叶召灿在河南商城县曾油坊的农村上中学，他父亲体弱多病，兄妹三人，家庭比较困难。他读初中时，我常在经济上接济他。他考上县城重点高中后，我们的联系多了起来，我常常给他寄学习资料。一九九〇年，叶召灿参加高考，填报志愿不妥而落选了。这对他打击很大，他很长一段时间情绪低落，甚至迷惘困惑。我多次写信鼓励他振奋精神、调整心态，还帮他制定了复读的计划，不断地给他寄资料、寄钱和营养品。经过一年的复读，叶召灿二次高考被录取到成都体育运动学院。在大学的几年里，我年年汇钱给他。大学毕业后，叶召灿分到了广州解放军体育学院担任教官。参加工作的第一个月，叶召灿给我写了一封发自肺腑的信，认为我对他的成长帮助很大，起到了他父母无法起到的作用。他还寄来了四百元钱以示感谢，让我也很感动。

一九九三年春天，我和老叶送侄女去平顶山照看孙子干干。临走之前，同事邹立平老师介绍一个年轻人来家里寄住。来人是她大儿子的同学，县药材公司的新员工程琥，他的单位没有住房，想趁我们外出，住在我们家，每月付三十元的租费。对这点租费我并不看重，但有个人看家很重要，临走前我把钥匙给了他。在路上，我和老叶说："我们的孩子刚走，程琥就来了，这是天意啊，他要能常住，就把他当自己的孩子吧。"程琥比我女儿还小一岁，比较文静有礼貌，年轻但懂事，夏天我们回来后，他依然住在我们家，我们相处比较融洽。程琥是大专生，对工作现状不满意，想跳过本科直接考研究生，我们支持他的决定。

一九九四年考研前，我们又外出了。这次他考研失利，我正好在北京大儿子处，得知消息后，我立即给他写信，要他不要灰心，调整心态继续复习再考。我和他说："你在我们家住，我们家已经出了五个大学生了，你是第六个，坚信你一定能成功。"从此我们一直保持通信联系，我一直鼓励他坚持考研。一九九五年，程琥报考西安政法大学研究生被录取，以后他又考上了中国人民大学的博士，毕业后在北京市高级人民法院担任审判庭长。二〇一〇年，他回金寨看望母亲，特地和母亲、亲戚一起来看望我，表示对我的感激之情。看到程琥已成为国家栋梁之材，作为对他有过帮助的人，我心里特感快慰。

二〇〇六年，我搬到合肥居住，二外甥媳妇徐成秀打来电话，说她的二女儿吴代丽中专毕业后在合肥一直找不到工作。吴代丽学的是法律专业，独自在省城闯荡多年，学法律的学历低了，想找专业对口的工作就比较难。她特别想通过考试拿到大学本科学历，成为一名合格的律师。她的困难是无固定处住，也租不起房子，整天到处漂泊，生活极不稳定，自学更是困难。我来合肥之前，她已经连续两年未通过外语考试了。听到她的情况，我毫不犹豫地说："叫她来。"我已年过七十，身患多种疾病，也需要安静和有规律的生活，接纳一个天天要学习、不断要进步的年轻人，需要承担一定的责任，我确实也力不从心。

代丽是姑姑的孙女，姑姑一家在农村，出来一个人很不容易。她过来住后，为了安排她的起居，我让保姆回去睡，这样吴代丽就可以有一个专门的房间休息和学习。她每天在家吃饭，家务事由保姆做，很少要她做事。她自己也很专心，静下心来复习，我们家里回来了人，也不去干扰她。她二表叔叶鸣从美国回来，我把他安排到客厅的沙发上睡觉。我还经常给她打气鼓劲，要她不要紧张，不要想太多，今年考不好通不过还有明年，没住处，可以住我这里，直到考上为止。这些话给了吴代丽很大鼓励，学习和休息都有一个安静的独立空间，有利于成绩的提高。二〇〇六年六月，吴代丽就通过了外语考试，后来又拿到了大学本科毕业证书，他们全家人都为之高兴，我也很高兴。

证书拿到了，一时还找不到工作。我继续帮她、开导她，让她眼光放长远，先主动到原来工作过的单位去做义工，时间长了人家或许就会考虑你。这话还真让我说中了，吴代丽到原单位做了几个月义工，人家看她水平有很大提高，工作态度也诚恳积极，就分案子给她做，要她出庭，最后吸收她为律师。吴代丽经过努力，已经成为一名优秀的律师。

第六章 ┃ 跨世纪的悲情与天伦之乐

为了第三代

一九八七年底，我和丈夫一块儿退休。一九八八年秋季，小女儿考上了大学，离家去了上海。昔日热闹的家，只剩下了我们老两口，变得冷清起来。忙碌了大半生，突然没有事情做了，真有些不习惯。

一九八八年四月八日，大孙子出世了，这当然是大喜事。丈夫得知后高兴得叫了起来："我有孙子了，我当爷爷了。"他的传统意识强，他常说："古云，不孝有三，无后为大。"我当然也高兴。大孙子来世，诸多波折。大媳妇流产过一次，又丢过一个，这已是第三胎了，很不容易。特别是儿媳，流产、引产、剖腹各经历一次，生孩子的苦，都吃了一遍。这次顺利地得到一个胖儿子，我们和亲家都非常高兴。孙子的外公、外婆早早地去了北京，照顾护理儿媳和孙子。

儿媳在报社工作，一年到头外出采访出差不断。孩子得有人照顾，所以孙子在一岁的时候，被送回了金寨老家。孩子回来时才十一个月，一九八九年四月八日在家里度过第一个生日，做爷爷奶奶的，对长孙的生日非常重视，设宴席请来了亲友，请来了摄影师为长孙拍下了第一个生日活动的照片，还拍了抓周照。我们在桌子

1990年叶珠峰离京去金寨时与我和老叶合影

上摆上吃的用的玩的各种东西，让孩子伸手去抓，长孙牦牛一伸手就抓住了一个转笔刀，在场的人都拍手大笑，高叫："这孩子长大跟他爹娘一样爱学习。"我们做爷爷奶奶的高兴极了。

孩子回来两个多月了，我们精心照料。夜里跟我睡觉，本来就有神经衰弱的我，自带孙子睡觉之后，更加睡不好了。夜里不停地端尿，总怕他尿湿了，一夜要端四五次，我几乎整夜睡不着。后来头晕得厉害，住进医院治疗了一段时间。一次孩子突然感冒发烧，我十分焦急，刚好他妈妈从北京打电话回来询问孩子的情况，我又不敢不告诉他妈。听到孩子生病的消息，当妈的当即哭了，我十分理解做母亲的心情。一九八九年五月下旬，孙子又病了，儿媳实在想得不行，于六月三日请假回到了金寨，把孙子接到了武汉外婆家。

虽然孩子在家只住了两个多月，这一段正是他牙牙学语、蹒跚学步的时候，老爷子用根带子系住他的腰，弓着腰牵着他教他走路，教他学说话。离开金寨时，他已能喊爷爷、奶奶，也能扶着走路了。

媳妇把孩子带到武汉外婆家，她一面工作，一面照顾孩子。外婆家里已经有两个孩子要带，实在忙不过来，媳妇的工作又忙，孩子感冒了，发展成气管炎，又感染了中耳炎。那时，儿媳已经担任《中国青年报》记者部副主任多年，负责管理全国各地记者站的工作，出差频繁，如同家常便饭。她来信给我们，我心急如焚，立即想办法请人去武汉帮忙。最后找到了外甥女吴立华，她原来在金寨带过牦牛。但当时是数九寒天，谁送她去武汉呢？只有我。腊月里冰天雪地，天空中下着鹅毛大雪，金寨没有直接开往武汉的客车，我顾不上天寒地冻，带着她先于十七日下午乘车去六安住宿，然后再买第二日的车票到武汉。那一夜我几乎没合眼，五点钟就起床了，忙着去车站等候。谁知到了六点四十五分司机还没有来，旅客们十分着急，站里只得派人去找。司机来时已是七点多了。

我们上了车，车况十分糟糕，破得不像样子。窗子几乎全没有玻璃，天空仍然下着鹅毛大雪，我坐在车厢里，像坐在冰凳子上一样冷得发抖。上路后，司机太贪心，一路不停地带人，由于超载严重，车子到了黄陂，天已黑透了，也没有汽油了，车子在路上停着，司机拦车向别的司机一碗一碗要油，好不容易才凑合着慢慢地开动起来。车子里冷极了，带的干粮也吃完了，此时真是饥寒交迫，车上乘客十分恼火，大骂司机。还算不错，终于在深夜十二点艰难地到了汉口长途汽车站。下车后我已走不动路，也分不清四方，找不到儿媳妇娘家的住处，只好在附近的旅社住下。第二天一大早，我给亲家拨去了电话，一会儿老亲家刘克正就到旅社接我们。见面他第一句话就说："现在是一年中最冷的大寒天气，冰天雪

1990 年秋宁宁与我和老叶在上海合影

地，又是年根岁末，别人往家回，你这么大年纪还往外跑。”我说：“为了后代啊。”我把人送到了武汉，可媳妇已带着孙子回北京了。过了几天，她就让人把吴立华带去了北京。

一九八九年元旦，二儿媳陈红生了一个女儿，取名叶珊宁。人人都说我们老两口有福气，叶家第三代儿女双全，我们乐得合不拢嘴。二儿子家没有请人，二儿媳请假在家带孙女，一个人照顾不了，也需要人帮忙。二儿子的住处小一些，我去方便点。因而，当年十月，我留在了上海，爷爷则去北京照顾牦牛。

一九九〇年秋天，大孙子已经两岁半了，二儿子把女儿送到她外婆家去了，我也从上海赶到了北京。牦牛已经在总政幼儿园上了日托班，爷爷每天早上送孙子，下午接孙子。他不会骑车，北太平庄到黄寺也没有公交车，全是背着孙子来回，累得汗流浃背，从不叫苦。有时儿子、媳妇工作忙回家晚，他还做饭。有时儿媳出差了，他还带孙子睡觉。孙子蹒跚学步时，他总是用根带子系住孙子的腰，弯下老腰牵着孙子走。古云：爷奶疼得长孙子。对老爷子来说，他疼孙子胜过了儿子女儿。我们的五个子女，他没有带过一个，但大孙子，他是扎扎实实地带了一段时间。

我和老爷子一起带大孙子，我教牦牛认字、说话、识拼音字母、背古诗，牦牛认识了不少字，能背二十多首古诗，语言表达能力很好，至今还留有录音磁带。

一九九一年夏，三儿媳余晓群也添了儿子，取名叫干干。我于当年秋天去河南平顶山煤炭设计院，那时干干才一个多月，我在他那里住了五个月，帮助照料孩子。基本上把带孩子的事情理顺，于一九九二年元月回到了金寨。在金寨双河请了一个保姆，二月带保姆一起去平顶山。

1989 年 5 月三儿媳余晓群第一次回金寨梅山

时逢春运高峰，车票非常难买。我们到固始县城的一家旅社住了一宿，第二天只买到了一张隔日去信阳的车票。春节即将到来，等下去只会越来越紧张。别人告诉我，扒车挤上去以后再买票也是可以的，那些票钱都进到驾驶员的腰包，他会让你上车的。我不想途中再等了，就和保姆一起去挤车。车子一到，蜂拥而上，我和保姆好不容易挤了上去，车上没有座位，人一个贴一个，连气也透不过来。从早上七点一直站到下午五点多，才到达平顶山。叶鹤来接我的时候，我身上已经全僵硬了，下不去车，也走不了路。叶鹤拉我下来，在旁边的公交车上坐了一会儿，我才勉强迈得动步。

我在平顶山又住了一个多月才返回金寨。这次回去是把老爷子换来接班。暑假女儿大学就要毕业了，我要同她商量毕业后的分配去向问题。老爷子五月初独自去了平顶山。在老三处，他担当起买菜、给干干做饭的任务，帮儿子媳妇解决困难。

1991 年冬在河南平顶山和千千合影

1996 年 1 月 7 日阿伟 1 周岁时合影

一九九五年秋，小女儿的儿子也半岁了。女儿要上班，虽有保姆还是忙不过来，就招呼我们去上海协助保姆照料外孙。我们老两口在国庆节后到了上海女儿处，老爷子又担任了买菜、做饭的任务，我则和保姆一起，照料外孙的起居。

一九九六年秋，四儿媳金爱群添了个双胞胎——金子毅、叶子聪，给全家带来了极大的惊喜。很多人都羡慕我们，人家想一个儿子都想不到，你们家一次就来了两个。两个孙子是两份惊喜，但就照顾来说，也就变成了两份工作。老爷子正值生病期间，他自己坚持照料自己，支持我到小儿子处照顾小儿媳坐月子。

从一九八九年到一九九六年的七年间，我们老两口在北京、上海、平顶山、合肥间轮转，给五个儿女照看孩子，尽对儿孙的关爱之情。虽然很劳累，但也尽享儿孙绕膝的天伦之乐。

双胞胎孙子金子毅、叶子聪 1 周岁时和我合影

工地上走出了通信高工

海燕进入上海地铁公司，面临的第一个难题就是公司没住处，第二个难题就是上班的地方很远。上班在郊区梅垅，这是上海的边缘地区，也是基层工地。她二哥已去美国留学，二嫂带着孩子陪读，海燕就住在她二哥的同心路宿舍里。从同心路到梅垅，路程在两个小时左右。晚上七点到家算是早的，大部分都在晚九点左右才能回家。那时，我去上海陪伴她，白天就只有我一人在家，我也不会说上海话，感觉很孤独。晚上只要听到女儿的脚步声，我就开始高兴起来了。

女儿在工地劳累了一天，再苦、再累、再不顺心，她从来不讲。回来时轻轻敲门，一进门笑嘻嘻地说："妈妈，我回来了。"对于我来说，这是世界上最动听的乐曲，一切寂寞烦躁都烟消云散，我立即端出早已准备好的饭菜，和女儿一块儿进餐，母女俩边吃边聊，边说边笑，其乐无穷。有时，她会给我带来喜讯："我今天受到领导的表扬了。"有时，她给我带回我没有吃过的东西，我感到很新鲜、很稀奇。天冷了，她用自己不多的工资，给我买回了狗皮背心，我穿在身上暖在心里，这就是贴心的小皮袄。这件背心在当时是很贵的，七十多元，用了她近两个月的工资，至今我仍爱不释手。前两年回金寨，找裁缝重新改了一下，换了件新面子。

作为工科学生，海燕在基层工地干了两年。一九九四年，她调回公司工作，倍加努力，学习新知识，屡见成效，受到公司上下一致好评。

一九九五年她生下儿子盛彦森，一边带孩子，一边自学。她利用产假，把孩子交给保姆，自己参加各种学习班。她首先拿下英语口语六级，接着又自学了计算机，拓展了知识面。

她进公司时，赶上了上海地铁大发展的好时机。公司引进德国产品，需要外语和计算机方面的人才，还要派人去德国留学，公司选中了她。一九九九年二月，公司领导带队，她也一同前往德国学习和考察。这是她第一次走出国门，德国现代化程度高，使她感受到追踪和学习科学技术新知识的重要，只有不断学习，才能跟上形势的需要和发展，才能不被淘汰。

从德国回来，她报考了上海交通大学通信工程硕士研究生。她一边工作，一边上考研辅导班。她的工资并不高，可仍请保姆帮助照料孩子，自己抽出时间学习。经过不懈努力，她于一九九九年冬季被上海交通大学录取为在职硕士研究生。她并没有因读书而影响工作，又被公司选拔为经理助理和副经理。二〇〇一年，她带队一行五人前往美国学习和考察。二〇〇二年，她读完三年的硕士研究生，拿到了毕业证书，取得了硕士学位。现在她是公司首席工程师，是年轻的学科领军人物，是上海交通大学通信专业委员会的学术委员。

老病痊愈

丈夫在叶家是独生子，公公先后娶过三任妻子，丈夫是原配妻子所生，生母对他相当溺爱和娇惯。听婶娘说，丈夫是吃接奶长大的。他下面本来有个弟弟，但很快夭折，他又接着吃母亲的奶水。生母去世时他只有八岁，第二任继母也是传统女性，继续娇惯他。继母去世后，他就和婶娘一起过。婶娘心地善良，同情他没亲娘，亲爹常年在外做小生意，所以也任着他的性子。等到第三任继母到家时，他已长大成人，在婶娘家读书。

丈夫长相好，人也聪明，老师很喜欢他，因此对他特别严厉，他的成绩也很不错。叶家在当地是小户，宗族非常注意人才的培养，看到他还有培养的前途，就由祠堂出稻谷，供他上了小学。小学毕业后，他又被保送到师范学习。在一九四九年以前的农村，能上完初中，是很像样的知识分子。

20世纪80年代丈夫叶光裕工作证件照

我们结婚后不久，他二十六岁时得了胃病，长时间不能根除，每年总要犯上几次。一旦受累或受凉，胃病就要发作，疼起来难受极了，不断地用拳头捶胸口，有时，满口酸水直往外吐。

老叶长时期在农村工作，医疗条件差，犯病的时候去看，治几天好了也就过去了，但总是找不到病根，只好在预防上下功夫。每到冬天，我总是早早地将棉衣、棉裤、棉鞋、棉袜、棉背心准备好给他保暖，护着胃不让着凉。原来我的气管炎还不是很严重，冬天碰凉水的活我全包了，不让他干。但这样依然不能解决问题，一九七四年，我调回梅山，医疗条件大为改观。这年暑假他回来，垂头丧气，皱眉不语，实在让人着急。问起来，胃病又犯了。

我托人到处咨询治疗方法，得知已有了“钡餐透视”的先进技术。我想法为他弄到了一张钡餐透视的检查单，带他到医院透视，检查结果为“十二指肠球部溃疡”。多年的病根查出来了，医生要他吃一年的维生素U，中间不能间断。我不断监督和催促他，他按医生的要求坚持服药一年。终于，困扰他近二十年的胃病竟奇迹般地痊愈了，再也没犯过了。

据老叶说，还在上小学时，他就开始抽烟了，上师范时已经成瘾。长时间抽烟，加上平时不注意个人生活习惯，一九九五冬天，他在叶鸽处生病了。先是感冒发烧，后来高烧不退，叶鸽带他到医院检查，诊断为肺炎，经CT检查，确诊为肺结核。时值春节前夕，我在上海女儿处帮助照看外孙。虽然这个病已不属危险的病症，但全家还是很紧张，也很着急，孩子们纷纷寄钱给老爸看病。我想赶紧赶回合肥去照看他，但车票早已售完，无法回去。小儿子一人忙里忙外，安排他住进省军区医院治疗。

春节火车停开，初二恢复运行，女婿托人买了张大年初二夜里的火车票。我初三下午赶到合肥，丈夫已经出院，但人很消瘦。我精心照顾他，要他定时吃药，一天数次给他做吃的。由于护理和营养样样到位，十天后他的病情有所好转，脸色也好看多了。叶鸽的岳父来看望时说：“还是离不开老伴，你们老了，不要分开了。”看到他迅速好转，全家人都很高兴。

这时候，小儿媳已有孕在身，他们住处比较小，肺结核属传染性疾病，不宜在合肥久留。过了正月十五，我和老爷子一起回到金寨。临走前，叶鸽又带老爸去省立医院找专家查看，专家给他做了痰培养，拿出了治疗方案。回金寨后，县医院钟主任按省专家方案治疗，先打点滴一个月，后复查根据情况转用口服药。在打点滴的一个月里，我每天都去医院陪他，给他拿药，看他吊盐水，给他送吃的，所有事都是我一人做。我常年哮喘病在身，持续服侍一个肺结核病人，累得我有时喘不过气来。

一个月过去了，经检查病情恢复得很好，医生说转口服药在家服用。三个月过去了，检查的结果仍然很好。医生说再继续服药半年，半年后若检查没有变化，再继续服药一年就会痊愈。

我根据照顾病人三要素照料他：一是精神治疗，在治疗期间从不与他生气，经常安慰他，家里大事小事全包了，还陪他出去散步，因此他精神一直不错。二是营养跟上，孩子们不断往家里汇钱，只要他想吃什么，我马上去买，鸡鱼肉蛋牛奶没有断过。三是药物到位，按照医生下达的方案，坚持不懈地进行治疗。我的任务就是不断提醒和督促。经过两年多的治疗，我带他到县医院和地区医院检查，结果表明，肺结核病全好了。两年来虽然大家都很辛苦，但他能痊愈，孩子们都高兴，我也很高兴。

一九九七年冬，三儿子叶鹤来信接我们去平顶山过春节。过完年之后，我同老三说："你们这里条件比家里好多了，你抽空带你爸爸去医院检查一下，看看他的肺结核到底好了没有。"三儿子抽空带我们去了平顶山市的重点医院，CT 和其他检查结果与县医院一样：已痊愈。后来我又托亲戚带我们到平顶山市结核病防治所检查，给他做胸透，做痰培养，又一次证明没有问题。我这才彻底放心，几年来的照料没有白费。

台湾行

自从一九八八年回大陆探亲后，哥哥几乎每年都会回来。他为父母扫墓，看望亲友，也到大陆各地风景点观光。在所有的亲戚中，我们家的经济条件是最好的，但哥哥依然给我们家带各种礼物。第一次回来，他就寄回了东芝原装的大彩电，这在当时是国内紧俏的时髦商品。叶鸽结婚，哥哥带来彩电和首饰。海燕结婚，哥哥也给了项链等首饰。连第三代的孙子辈出世，他们的老舅爷也为此花费不少。

孩子们对他也很孝顺。一九九二年，哥哥要去西安观光，大儿媳正好出差在西安，《中国青年报》陕西记者站记者黄博是她的好朋友，她和黄记者一齐陪同哥哥，哥哥玩得很开心。一九九六年春，哥哥回来，二儿子叶鸣邀请他到上海观光，还专程陪同哥哥去杭州游玩，他在上海星级酒店为哥哥做了七十大寿。十年后的二〇〇六年，哥哥于清明前回来，小儿子叶鸽陪哥哥回商城县老家，又在合肥的酒店为舅舅做了八十大寿。他和哥哥接触最多，每次哥哥从台湾回来都是在合肥落地，叶鸽每次都接机、送机。

2006 年 4 月哥哥在合肥八十大寿庆宴上吹生日蜡烛

也就是在一九九六年，哥哥费了很大力气，为我申请到去台湾探亲旅游的机会。申请刚批准，哥哥立即把材料寄给了我，这使我非常感动。当年我从堂哥家出嫁，是从牛棚前上的轿子，现在哥哥隆重地邀请我回海峡对岸的娘家，哥哥承担了我去台湾的全部费用。我立即行动，去司法部门公证，去县公安局办各种手续，前后花了半年多的时间。手续办完后，我把资料寄到台湾，哥哥在台湾再申请赴台旅游团接收我，让我随团去台湾。各种手续办完，已是一九九七年八月了。

赴台旅游团的行程是由深圳到香港转机，再到台北。我没有出过远门，更没有一人独行过。大儿子、大儿媳为我买好了北京去深圳的机票。临行前，我先到北京的大儿子家，他们俩对我去台湾极为重视，花钱给我添置了衣服和带去台湾的礼品。更重要的是，大儿媳利用出差的机会，亲自送我飞到深圳，直到把我交给深圳的旅行团之后才离开。

一九九七年八月十三日，我随旅行团一行由深圳到香港。因为带了不少大陆的土特产和名酒，随身行李很沉重，一路上也没有任何人帮我，我感到非常吃力。孩子们担心我带的那些酒在过关时被没收，但安检人员并没有检查我的行李，我从大陆顺利出关。

好不容易于当天中午到了台湾的桃园机场。台湾对大陆去的人的检查特别烦琐，关口一道一道，别人都出去了，我还在接受检查。哥哥和侄儿都着急了，直到下午一点，我才出关。

侄儿克明开车载我们去了台北县树林镇哥哥的家。见到了嫂子郭秋兰和前来迎接我的老乡张升平先生，我心里特别高兴，一切不顺和劳累全都抛在脑后。

1997 年 8 月和哥哥詹远来、嫂嫂郭秋兰在台中

1997 年 8 月在台湾海洋公园

我到台湾，受到了哥哥全家的热情接待。哥哥买了很多好吃的东西，天天变换着花样做给我吃。每天早起，嫂子就骑着摩托车带我出去玩，去得最多的地方是台湾的中小学。我是小学教师，对教育和学校的事情最为关心，看到台湾的中小学从校舍到设备样样都好，我很感慨，台湾在教育上舍得投入，大陆一时还比不上。

我们常去附近的小公园走动，呼吸新鲜的空气，看晨练的人群。哥哥还带我去到台中的一位老乡家里，受到这位老乡的热情接待。临走时，主人还赠送我金戒指，可见情谊之重。哥哥、嫂子还带我到新竹县嫂子三姐的家里做客。三姐是位贤惠能干的女性，孩子个个有出息，家庭很富有，和睦友爱，令我很敬佩。临走时，三姐也送了我金戒指。我们还去了板桥老乡张升平先生家，他们家兴旺发达，人才辈出，五个孩子都受过高等教育。临走时，他家也送了我礼品。大家都对我这样客气，我反而感到不好意思。

除了走亲串友，哥哥还专门为我请客，请他的亲朋好友到家来陪我。来的人有医生、退役军官，还有邻里，他们都是看在哥哥的面子上来看我。客人十分注重礼节，大方、友好，来时还分别赠送我贵重的礼品和现金。因接触时间有限，很多人的姓名已记不住了。在此，我再一次向哥哥的亲朋好友致以诚挚的谢意。

哥哥、嫂子和侄儿还经常用自家车带我外出游玩，饱览宝岛风光。我们去了位于桃园县龙潭乡的石门水库。哥哥带我到这里来，一是因为石门水库是台湾的一处风景，二是他去过梅山水库大坝，印象很好。我看到石门水库和梅山水库格调相同，都是高坝建筑，青山掩映，绿水长流。

小侄儿克亮驾车带我们去了台湾著名风景区——日月潭。日月潭位于南投县中部，是台湾地区最大的天然湖泊。潭中有拉鲁小岛，以此岛为界，潭的北半部形如月轮，南半部形似月钩，故名日月潭。我们参观了日月潭边的玄奘殿和日月潭台湾山地文化中心。站在山上，俯瞰日月潭全景，日月潭四周青山环抱，山峦层叠，潭水碧蓝无垠，青山葱绿，倒映湖面宛如一个巨大的碧玉盘，远远望去，潭中的美丽小岛——珠仔岛，就像玉盘托着的一颗珠子，真是美极了。由于有自家车，哥哥带我出去极为便利。我们还去了台湾海峡海洋公园、阳明山公园、台北“故宫博物院”……总之，一个月零八天的台湾之行，宝岛的名胜古迹、风光美景、风土人情，我都看到了，感受到了。感谢哥哥的邀请和赞助，感谢嫂子和侄儿们的热情接待。这次台湾之行，是我有生以来的第一次回娘家，在精神上、物质上，我得到了太多太多，可以说是满载而归，但时时又有受之有愧的感觉，我只有把感激和怀念永远地存放于心头。

拆迁的困境与女儿的孝心

一九九八年春，我到了上海女儿家。这次非常幸运，我联系到了小学同学张传祯。新中国成立后，她参军到了朝鲜，改名为张毅辉，转业后又报考了复旦大学，后来在上海人民出版社担任编审，是《金寨县志》的责任编辑。五十年后再度重逢，大家分外高兴，她还把我接到她家去住了两天。

一九九八年秋，因住房拆迁，我们到北京大儿子那里去住了几个月。一九九九年春天，小儿子的双胞胎无人照看，我就和老爷子商议，到叶鸽处帮忙。老爷子的病刚好，一讲到为孩子帮忙，他非常愿意。我们于一九九九年四月到合肥。小儿媳已出去学习一个月，我们来时正好缺人。我们尽力而为，但我的身体让我力不从心，到叶鸽处才二十天，我就生病了。先是感冒，因休息不好，病情越来越重，夜晚要坐着才行，并且一坐就是一夜，痰特别多。叶鸽忙得不可开交，小儿媳学习还没回来，我本不好开口，但实在撑不住了，只能跟叶鸽讲明情况，请他向他岳父岳母求援。我必须回去看病，等病好了再过来。

叶鸽向学校请假，亲自送我们回金寨。那时学校正在建新宿舍，老房子拆了，新房子还没建起来，回去前连房子都没租，家具在别人家放着。回去只有先住进医院治病，再托人找房子。幸好我和医生很熟，医生将我们两个都安排进了病房。

这次因时间拖久了，老慢支并发成肺炎，需要连续输液消炎。女儿海燕在电话里得知我的情况，当即就哭了，并说第二天就回来照顾我。我说："你没有时间就不要回来了，我已经住院了，医生对我很好，还有亲戚帮忙，不要紧。莫回来，回来了没地方住。"女儿怎么也不听，正好是劳动节，她于五月二号赶回金寨。下了车风尘仆仆地直奔县医院中医科住院部。她守候在我床前给我洗脸、洗脚，等等。这些都做完后，她就去做最重要的事情——租房子，我们出院要有房子住才行。海燕还真顶事，她出去找熟人，没费多少功夫就找到了房子。巧得很，房主是我的同事、好朋友邹老师的娘家弟弟，原本有人要租，听说我急等着房子住，二话没说就答应给我们住了。

房子找好了，我的病情也控制住了。我们都很高兴。女儿说：“妈妈，趁我在家，找人把东西搬过去，你们出院了，也有个住处。不然，我回上海也不放心。”她找来几个搬运工，两趟就搬完了。她忙着整理衣物，摆放家具，只一天的工夫就把家安顿好了。五月五日，女儿要上班了，能在我最需要的时候出现在我面前，并能解决实际困难，已经很不错了。

这些年，我老了，越发感到女儿的细心和体贴。上海是全国有名的商业城市，好东西多的是。她老爸最喜欢吃上海的月饼，每年中秋，她都提前买好月饼寄回家，我们每年都能吃到上海的月饼。我和她爸的衣服，春秋天的羊毛衣裤，夏天的汗衫衬衣，冬天的羊绒袄裤、棉衣棉裤棉袜，全是小女儿买来寄回家。她知道我一生节俭，悄悄地给我买高档衣服，一件羊绒衫千把块钱，说实话，我有时很心疼，舍不得穿。每次出国，她更是想着我们，买一些我从未见过的东西。从德国回来，给我们带个小电锅，可以自动控制火力，烧两个人的稀饭、面条。她知道我喜欢吃水煮鸡蛋，从德国买了个蒸鸡蛋的电蒸锅，每次可蒸七个鸡蛋。她从日本给我买个保温杯，这杯子很贵，合人民币四百多元，杯子保温性很强，能够保温十个小时以上，我非常珍视它，特别是生病的时候更需要它，夜里有了它，就不用从笨重的热水瓶里倒水了。

有次我生病了，她看见我坐在藤椅上，脚好像放得不舒服，她不吱声，到超市买回一个小板凳放到我脚下，我的脚放在上面，感到舒服多了。这小板凳人见人爱，不但可放脚，每次出去带上它，走累了就坐在上面歇歇，省得坐在地面或石凳上。

中转站和应急灯

合肥是安徽省省会，全省的政治经济文化中心。自从叶鸽分到合肥以后，他就成了联结全家人的桥梁和纽带。叶鸽的学校地处合肥南郊，学校条件不算好，但叶鸽很安心，热爱这里的一切。由于他工作稳定，给我们大家庭带来了诸多方便，帮家里解决了很多问题。

我们退休了，在外地工作的儿子和女儿也都先后成了家，有了孩子。为减轻他们的后顾之忧，我和他老爸有时同去一家帮助照应孙子孙女，有时分开去两处帮忙。来来去去，进进出出，已经无法计算次数了。每逢我们出去和回来，都需要叶鸽事先买好车票。车票总是特别难买，他的住处离火车站又远，无论是去市内的售票点，还是在火车站，都要排长长的队。接站的事他也全包了。我们出去一趟，大多一年半载，像过日子一样，要带许多衣物。有时夜里零点或清晨五点，他都要进站来接才行。说实话，每逢快到合肥火车站时，我心里就在想小儿子，两眼不停地往窗外张望，在人群中寻找那熟悉的身影。当叶鸽飞快地跑到我们乘坐的车厢外向我们招手致意时，我总是感动得流下眼泪，合肥要是没有小儿子在，我们回来可就寸步难行了。

叶鸽不仅接送父母，有时也接送兄妹和亲友，年复一年地坚持着。一九八八年以后，哥哥以后几乎每年回大陆一次，叶鸽不仅接送机、安排食宿，有时还抽出时间陪他舅舅回老家祭祖。好在小媳妇也很贤惠很支持。有了他们这个中转站，确实给父母、兄妹和亲友带来了莫大的方便。

我和老叶退休后虽然经常外出为子女分担家务，但金寨是家，这里还有老叶的继母在，我们的房屋、医保、工资等都在金寨，我们在金寨的时间远远多于在外面。有了急事，叶鸽离得近些，首先找的就是他。退休后，我下决心找到母亲的坟墓，去商城县需要人陪同，我首先想到的是他，他连续陪同我找了许多地方。

一九八八年，小女儿海燕第二次参加高考。考试前一天，失去音信五十年的哥哥从台湾回来了，这是天大的喜事，全家人都沉浸在欢乐之中。但这几天是决定海燕人生命运的关键时刻，按说全家人应以她为中心，为她服务，决不能干扰她，但这喜事怎能对她没有干扰呢？三天考试，全家乱哄哄，我很着急，但无法有任何表露。考试结束了，女儿的感觉很不好。接下来要填志愿，哥哥回来已经第五天了，他的回乡证对出入境时间有严格限制，他催我一块回老家给父母上坟，我无法推托，只能让海燕和他爸爸、哥哥一起商量填报志愿，自己陪哥哥回商城老家。

他们父子四人商量海燕的志愿填报，我和哥哥商量去老家的事宜，两个六十岁的老人如何上路？又得叶鸽陪同。等我从老家回来，考生的志愿早报上去了。不料女儿这次志愿填报得不合适，出现了衔接上的漏洞，如果省外的大专不能录取，就会出现问题。女儿已辛辛苦苦考了两年，如果因填报志愿不妥而落榜，那将是全家最大的遗憾。我向县招办负责人请教如何弥补，他告诉我，考生的志愿及全部档案都已报地区招办了，要补填志愿也只有找他们才行。

这样紧急重要的事情，也只有找叶鸽回来陪同我去地区招生办了。只要是家中有急事，他总能想办法走得开。我和叶鸽立即去六安找地区招办主任。我先找到了我的老友、地区人事处处长陈绍华，由她领着去见地区招办主任。恰巧，地区招办主任的儿子也是应届考生，考得不错，已被某重点大学录取，他沉浸在幸福与欢乐之中。他也能理解考生和父母的不易，他当场同意了我们的请求，让我们根据考分情况补填上适当的志愿，填好后还得立即送到省招办录取地马鞍山市，因为录取工作已经开始好几天了，去晚了就没有用了。事情紧急，第二天一大早，叶鸽手执地区招办的信件和志愿表直奔马鞍山市。我在不停祈祷，期盼叶鸽能在录取前把补填的志愿送进去。

世上也有远在星辰之外的好运气出现。叶鸽到达马鞍山的前半个小时，录取分数线降下来了。海燕的考分到了上海铁道学院的录取线，她被上海铁道学院通信专业录取了。当晚，叶鸽带着海燕被录取的喜讯回到家里，全家人高兴极了。走进上海铁道学院，是海燕命运的第一个转折。在这个曲折的过程中，补填志愿虽没起到作用，但重要的是全家人共同拼搏，坚持到最后一刻。那份血缘凝铸的情感，永远烙在了我们家人的回忆之中。

晴天霹雳

病好了，老爷子当然很高兴，但他慢慢忘记了医生的忠告："要戒烟，不然，还会复发。"病好后，他觉得自己能吃能喝，身体蛮好的，又没有其他嗜好，就又偷偷摸摸地吸烟了。干干看见了，跟我说："奶奶，你不要说爷爷，他今天又吸烟了。"三儿子不好意思说他爸，我开始耐心地劝他，他不听。过去他吸烟，大媳妇总是不断带好烟给他。有一段时间我们在北京，儿子、媳妇都向他表明：这次不能再给他提供烟了，不仅不给烟，还希望他坚决戒烟，但是，大儿媳在席子底下找到过烟头，家里又没有其他人吸烟。大儿子为此说过他父亲好几次。

一九九八年回到金寨，他开始无所顾忌地公开吸烟。我生气了，说："你不要拿自己的生命开玩笑，你想过没有，你犯病了，你遭殃，我又要带病服侍你。"可他还是照吸不误。不出所料，肺病因此而复发了。他的右肺上边感到疼痛起来，吃药打针，依然止不住。

我很着急，打电话要小儿子回来看看。小儿媳工作单位很远，每天早出晚归，小儿子白天需照看双胞胎，但他离家最近，再忙也要请假回来。叶鸽回家后，劝父亲去合肥检查看病，老爷子也知道叶鸽工作忙，我也病了，无法陪他去看病，他怕麻烦，不愿去外地检查。当时因新建住房，二中的老师都在外面租房。我们租的房子有问题，后面靠山，山体出现裂缝，不停滑坡，泥沙已经堵住后门。我的哮喘病也在不断地发作，他也只有先服县里医生开的药。

一九九九年十月国庆节后，新房子的钥匙发下来了，要求每户人家在两个月内把房子装修好，搬进去。新房子要装修，病人要护理，这两个问题同时摆在我面前，我真不知所措。我在电话里征求孩子们的意见。大儿子说："看来还是先装修好，也好尽快有个安身之处。装房子也就个把月，装好了再带父亲看病。"那会儿大家对他的病认识模糊，认为他是因抽烟导致肺结核病复发，既然还在吃上次治疗的药，稍晚点可能问题不大。

在亲友的大力帮助下，我们一个多月就把房子装修好了，十二月中旬我们搬进了新房子。我立即通知叶鸽回来一趟，答谢亲友，而后带他父亲到省里医院检查。谁知这一检查查出了问题，说是出现了肿瘤块，这太出乎我的意料。我要叶鸽把省里检查的片子及资料一起速寄到上海，请做医务工作的女婿找专家确诊。不到一个星期，女婿传来了信息：经专家分析研究，还是初步认定为肿瘤块。得知这个消息后全家人都紧张起来，原本多病加长期劳累疲惫不堪的我，听到丈夫患绝症的消息顿觉五雷轰顶，想想人都到了这一步，还装修什么房子？我后悔莫及，孩子们也急了。元旦假日，女儿回来准备接父亲去上海检查。女儿看见了我，眼泪忍不住直往外流，说了声："妈妈，你怎么变得这么苍老啊……"

第一次化疗

女儿来时在上海已经买了返程票，她在家只能休息一天。我说："你带你爸爸走吧，我太累了，我想歇几天再去，行吗？"说完，我就意识到，这太难为女儿了。买票难，接送难，我不能给女儿再出难题了。我咬咬牙，和女儿一块儿去了上海。女婿家住房太小，我们去住不下。到了上海，女婿胡晓峰已经借好了房间，是上海警备区后勤部招待所的房子。他是后勤部卫生所所长，招待所的房子是部队首长特批的。我们三号到上海，女婿预约了上海胸科医院的专家，八号带我们去医院检查。

上海市胸科医院汇集了全国有名的肿瘤病专家，医疗技术和设备都是全国一流，能进这样好的医院检查，全托女儿、女婿的福。女婿是医生，与这所医院有业务联系，关系较好，我们来胸科医院检查治疗，自然减少了许多等待与焦急。

来上海前，我还有侥幸想法，认为省里医院检查有错误，但经气管镜检查，切片作病理分析，最后定为"支气管腺癌"。我接受不了，当时就流下了眼泪，没有把结果告诉老爷子。

女婿又请专家会诊，根据会诊拿出治疗方案。按照治疗方案，要进行两个疗程的化疗，然后再减量进行小剂量的化疗并辅以中草药治疗。老爷子于元月中旬住进了上海解放军85医院进行化疗。住进这个医院也是女婿联系的，他在服现役，医院把我们视为家属。化疗定为一周，这一周我天天在医院陪护他。每天早出晚归，幸亏请了夜间陪护，否则我难以坚持下来。

2000年春节老叶在上海治疗时与詹海燕、胡晓峰、阿伟一家合影，
站在我背后的男孩是叶珠峰

第一阶段化疗结束了，也快要过春节了。医生要我们出院回家休息同时服中药。大儿子带着儿媳和长孙到上海过春节，他们来看望我们，并且和女儿女婿讨论下一步治疗方法。其他孩子都在春节前先后寄钱来支持父亲治病。

第一疗程的效果并不明显，要做第二个疗程。招待所有任务要收回房子，大儿子在北京的房子要宽敞些，有利于长期治疗。北京的医疗条件也比较好，但大儿子和儿媳对医院不熟悉。儿子女婿商量的结果是，女婿联系好北京空军466医院，那里离大儿子的住处不太远，医疗条件比较好，由他的大学同学负责执行上海专家会诊确定的治疗方案的第二个疗程。

第二次化疗

二○○○年二月底，女婿专程送我们到北京466医院找到他的同学黄万里，帮助老爷子住进了内四科。这个医院的条件比85医院还要好，有值夜班的护理人员，不用陪夜。黄医生作为老爷子主治医生，对他进行了全面检查，认为一切都符合条件了就继续执行上海的治疗方案。

老爷子三月上旬住进466医院。我还是每天早出晚归，来医院陪护他。这个医院离大儿子的家有四站地，每次我乘公交车都很拥挤，大部分时间没有座位。每天早上查房前要赶到，为他送吃的，还要带中午和晚上吃的菜，手里总是提个保温瓶。有一次，公交车刹车过急，我一下子跪倒在车厢里，幸亏别人扶了我一把，保温瓶才不至于摔坏。下车后，我一步一瘸地走到医院大楼前，老爷子已走出病房，在电梯边四处张望，嘴里还不停地念叨："老奶奶怎么还没来呢？"

2000年4月叶珠峰12周岁生日时与我们及父母叶鹏、谢湘合影，这年也是我和老叶结婚五十周年金婚纪念

化疗是很受罪的，化疗后就要加强营养。他每天吃的都是大儿子买好做好的食物。平时我送，周末大儿子送。真正化疗只有一天一夜，化疗时，大儿子来医院陪护过夜。这个过程中，我的头晕病又犯了，清早起床不能走路。大儿子请了几天假去医院护理他，稍稍好点后我就去医院陪他。

三月底我们出院了。出院前，黄医生说化疗暂时结束，休息一个月后，检查拍片，再研究治疗方案。回到大儿子家，继续吃中药，补充营养。大儿媳的朋友从外地寄来了治癌药，但这药老爷子服了有反应，大便失禁，腿发软，走不动路。我给他一点点地擦洗，牵着他慢慢走路。他不想继续服这种药，只好给他慢慢地停掉，继续喝女婿在上海找专家开的中药。这种药温和些，我给他每天一剂煎好让他喝。各种好吃的也买给他吃，他最爱吃我做的红烧肉，我隔几天要做一次。经过一段时间的调养，他的精神和气色好多了，他也松了一口气，我也经常安慰她，说他气色好、食量好，没有关系，我会陪着他，要他不要悲观。

大儿子找了他在卫生部工作的同学，与北京肿瘤医院取得了联系。定于五月中旬检查。检查结果出来后医生告知：不能按原治疗方案治疗，要另拿方案，再进行化疗。对于这个方案，老爷子表示了强烈的反对。我和大儿子劝说他再次进行化疗，并表示经济上不成问题，护理上我也可以坚持，但他执意不肯。两个疗程治下来他已是元气大伤，头发大把大把地掉，第二个疗程的恢复，明显要慢得多，他吃不下东西，走不动路。上海的方案似乎考虑了这种情况，此时主张做小剂量的化疗，并配以中药治疗。如果再进行大剂量的化疗，老爷子觉得身体难以承受，所以他坚持要继续用上海的方案。

我们很为难，上海方案疗效不明显，新方案的疗效是个未知数，但新方案的杀伤力大是心知肚明的。我们考虑再三，决定先用小剂量化疗配合中药试一个疗程再说。小剂量的化疗可以不去医院，在家门口就近找个可静脉注射的医院即可进行。药是女儿女婿从上海买来的，名叫“鸭蛋子”。这种小剂量的化疗每天两针算一次，一疗程十次，是打点滴，药水滴得很慢，一次要个把小时。

三儿子叶鹤到北京看望父亲，带来了些药，还给父亲买了个坐便支架。他陪我到住处对面的总参测绘局门诊部，向他们说明情况，对方同意我们每天去那儿打点滴。打针的地方找到了，但老爷子走路挪不动腿。我请同院内的勤杂工帮忙背他下楼，放在三轮车上送到门诊部。输液完毕后，工人再蹬三轮车过来接。每天两趟二十元钱。就这样，一方面小剂量化疗，一方面吃中药。一晃就到炎热的夏天了，我每天为他煎一服中药，再热也不间断。

2000 年与来京探望老叶的叶鸣、陈红、叶珊宁一家合影

在这期间，女儿到北京出差，来看望父亲。她陪我去市场买菜买鸡，给她老爸和我配老花眼镜。她老爸高兴，我也高兴。二儿子也带着儿媳和孙女一家三口专程来看父亲。儿子陪他聊天，劝他振作精神，与疾病作斗争。这一段，他心情好多了，还同儿孙们合影留念。台湾的哥哥詹远来回大陆探亲，专程到北京看望他。看见他，我哥哥很惊奇："我看到的癌症病人脸色都很差，没想到你还红光满面，可见恢复得很好。"

他的病情稳定下来了，大家都很高兴。我们在大儿子处住了七个月，自然给他们添了很多麻烦，他们从不嫌烦，特别是大儿媳，态度和蔼可亲，无形中就对病人产生了很大的安慰。但住久了，老爷子有些着急，常叹气："好不了，怎么办？"我说："你不要急，现在不开刀，不化疗，我们可以回金寨去。回去后，离医院近，人也熟，中药照吃，还是我给你煎。去医院打针还是我陪，只要有我在，你可放宽心。我们的房子也装好了，你也满意，在这样的房子里多住几年，也好陪陪我啊。"他点头表示同意。

二〇〇〇年九月十日，大儿子和大儿媳给我们买好了两张北京到合肥的机票。因老爷子没有乘过飞机，大儿媳谢湘还亲自送我们到合肥。到了合肥骆岗机场，小儿子早已在外面等候了。

回家自疗

我们在合肥住了一个星期，小儿子请假送我们回金寨。金寨家里很自在，但没有儿女做帮手，一切都是我一个人顶着。回到金寨后，我找来亲友，帮我收拾好家中的一切，先安排好我俩的生活，紧接着按时给他服药，送他去医院继续打小剂量针剂。每天早上为他冲好牛奶，买好点心。他不喜欢吃煮鸡蛋，我就给他弄荷包蛋。他平时是比较讲究吃的，没有对味的菜他是不吃的。加上不断服药导致胃口不好，更挑剔。晚上还要给他弄水洗脸洗脚，还要给他洗衣服。冬天来了，他特怕冷，我得一大早起来把炉子生好。

一个人从早忙到晚，累得我喘不过气、直不起腰，也还得坚持。终于支气管炎肺气肿病又犯了，咳嗽不止，只有去医院打吊针。打吊针没人照顾我，上厕所也只能自己一只手提着瓶子，一只手提着裤子。注射完了，也没有人帮我喊护士，只有自己拿着瓶子喊护士拔针。回到家里，还要先给他弄吃的，把他管好我才能休息。想找个帮忙的人都找不到，到了年根岁末的时候，家家已无闲人，实在艰难。

二〇〇〇年腊月的一个夜晚，我刚睡着他就起床了，我听见大门吱呀一声响，就醒来了。看见他到门外去生火，我立即起床穿好衣服走到他身边问他："半夜三更的，你开什么门？"他说："天亮了。"我说："你看看，现在才十二点多。"他说："我们家的钟不对。"我说："怎么不对，每天都与电视里的报时一样。"我拉他，他不进来。我只有好声哄他："你进来，天亮了我会给你生火的，哪一天的火不是我生的？现在楼上楼下的人都在睡觉，你不能打扰别人，我们进屋吧。"连哄带劝地把他拉进来了，他不坐，硬站着。我又苦苦劝他："老叶，你看这么冷的天气，你冻坏了是我的事，我冻坏了没有人问我的事，你也没人问了，到房间里去睡觉吧。"好说歹说他总算进屋睡了，可我就不行了，原本就有失眠症，经这一闹，再也睡不着了，眼睁睁等到天亮。

过了元宵节，我四处打听请保姆。在亲友帮助下，正月二十二请来一位保姆。我看她人还不错，就同意了。她是乡下人，从未出过门，这次是与儿子媳妇闹矛盾出来的，她干不好城里人的事，也服侍不好病人。需一切从零开始，一切从头教，我原本说话困难，这一来可把我累坏了。一个月后她才与我配合，与病人配合，慢慢地能做些事情了。洗衣洗菜做卫生，病人吃的还是我弄，但刚刚摸到头绪，她又要回家摘茶。他们家靠贩茶叶维持生活，她来前说好的，我不能失信。

事情就是这样不凑巧，在她要走前，我又感冒了，咳嗽不止，咳成肺炎，要去医院输液，我请丈夫的妹妹来帮忙。妹妹来后，我就好多了。不久，保姆摘完茶又回来了。我给妹妹和保姆分工，妹妹主要陪她哥哥聊天，给她哥哥弄吃的。妹妹很体贴哥哥，脾气也好，她来了病人的心情好多了。保姆负责家中的家务。

危险的并发症

二〇〇一年八月，老叶的病情有所加重，右腋窝疼痛厉害了，颈部有个包，渐渐大起来。我请医生给他治疗，打电话给女婿咨询，女婿提示要加大药物剂量。他连续服用了一段时间，感到小便困难。八月五号这天，他突然解不出小便了，越解不出越想解，最后到离不开马桶，家里人只好给他个痰盂，让他坐在上面。我打电话问女婿该怎么办，女婿说："吃前列康。"我马上去医院开药，医院没有这种药，我又托人到街上买，二儿子的朋友汪大海，待我们像对待父母一样，只要找他，便立即来帮忙。他跑了几家药店，终于买到了。老叶服了好几粒，过了好半天，小便仍然解不下来。眼看天快黑了，我觉得问题大了，那天天气闷热，还在下雨。我气喘得厉害，但也顾不上了，一心想去找医生。

天黑下来了，我一人上不动楼，我请邻居小广陪我去医院找杨医生。杨医生那天在门诊值班，老爷子的病总找他看，杨医生了解完病情后告诉我说：“这种病要导尿，门诊做不了，要去住院部泌尿科，医生就是科主任，但这么晚了，怕请不到了。你气喘这么严重，怎么能去呢？”我说：“请您告诉我他的电话号码，我试试吧。”我拨通电话，听到了一个熟悉的声音。泌尿科沈主任的儿子是我的学生，我平时和学生及家长的关系都很好。我和他说明了情况，请他帮忙，沈医生满口答应下来，要我把病人送到住院部，他立即动身去医院。听到沈医生肯定的答复后，我紧张的心情顿时缓和了下来。我一面吩咐小户回去，要保姆把老爷子住院的东西准备好，一面打电话给汪大海，请他带一辆出租车过来接人。

我们四人于当晚十点多钟赶到县医院外科手术室，沈医生早到了。他给病人做了检查，汪大海去办理住院手续，我和小户守护在病人身边。手术大约有半个小时，老叶出来了，尿导出来了，他立即感到轻松了。沈医生说：“今晚要住院，继续插管导尿。”到病房已是夜里十二点了，我让大海和小户先回去休息，我一个人陪护他。插管很难受，他不适应，管子老掉下来，我又插不好，每次都得找护士，这样反复折腾到凌晨两点，我折腾不下来了，头晕恶心不时要吐。护士看见了说：“你这么大年纪，身体又不好，哪能陪护病人呢？”我说：“孩子们都在外地，保姆是女的，又是乡下来的不识字，给男人导尿不习惯。”护士说：“那你去找单位领导吧，我在这里先给你看着。”

护士扶着我，把我一直送到楼下，喊来了的士，看着我上车才回去。我回到家门口，站了一会儿，想想已是凌晨两点多，人们都在熟睡，怎好去打扰呢？我同保姆商量，请她前去看护病人。保姆看我上气不接下气的样子很是同情，她同意去。我敲响了邻居小户的门，请他帮助打的把保姆送到医院。

八月六日，老爷子住院的第二天，医生要对他进行全面检查，拿方案给他治疗。我已走不动了，天刚亮我就给外孙张英洲打电话，也与汪大海联系上了。张英洲一早来到我们家，把病人用的东西先送去，汪大海一早也去了，准备办理各种手续，同时换保姆回来吃饭。一个人生病住院，要多少人忙乎啊！我给古碑的妹妹打电话，请她来帮忙。给合肥的小儿子打电话，他听到情况后，立即回来了。儿子回来了，什么都好办了。白天拿药、看吊针、送饭，晚上陪护，样样都行。他在家忙了五天，就回合肥了。我又找到妹妹的第五个儿子吴立安，请他晚上来医院陪护他老舅舅。就这样前后忙乎了二十来天，老爷子无法解小便的问题得到了解决。医生开了一些药，他于八月底出院了。

我稍微松了一口气，也非常感谢所有帮助过我的人，离开了他们的帮助，我什么也办不成，丈夫的生命也难以维持这么久。

虽然我们给了他无微不至的关心和照料，但老叶情绪很悲观，经常萎靡不振，还要我给他买“三步倒”“老鼠药”等。我总是劝他要想开些。我拿看到的例子跟他说，谁谁得了癌症三个月就去世了，谁谁半年就不行了，你已经快三年了，这也是个奇迹了。你的条件多好，五个孩子供你治病，谁能与你相比？你应该乐观些，与病魔作斗争，争取多活几年，也好陪陪我。

我整天讲啊讲，也有一些成效。从八月到十一月，他的病情又稳定了一段时期。

每况愈下

进入二〇〇一年十二月，天寒地冻，他的病有所恶化。十二月四日，他咳嗽吐痰困难，胸闷气喘厉害，睡在床上有些迷糊。我有点害怕，当时家里有妹妹和保姆，我担心三个老年妇女不顶事，又找来了侄媳褚静，我们几个分开值班看护他。

第二天又找来了杨医生。一检查，有炎症，要住院治疗。我们三人把老爷子送到医院，轮流值班，我和妹妹值白班，保姆值夜班。经过九天的治疗，他好些了，办理了出院手续。

天气渐冷，他颈子上的肿块红红的，破溃流水了，每天都得换药，他的疼痛也越来越厉害。医生加大了止痛药的剂量，止痛药伤胃，又要吃保胃的药。

翻年元月四日这天，他突然感到肚子疼，要上厕所，刚走到卫生间门口便晕倒在地。他脸色苍白，出冷汗，幸好我和保姆都在旁边，我俩连忙上前扶他，他已全瘫了，一点力气也没有，我俩用尽全身力气也拉不起他，他大便也失禁了。我意识到情况危急，得赶快向二中领导汇报。通报了情况之后，易校长和办公室主任立即来到了我家，他们决定马上送病人住院。我说："得先给他洗洗换换，才能去。"保姆帮忙脱下裤子，我先用纸擦他屁股、大腿及身上的粪便和黏液，又腥又臭的气味熏得我直想呕吐，我咬牙坚持着，给他洗干净换上衣服。校长找来了工人背他下楼，我们又一次进了医院。

入院后，他继续拉黑色黏液，医生开始给他用药，但止不住。我打电话问女婿，女婿说只有胃出血才是黑色的，需要止血。医生给他打了止血针、用了止血药，到第三天才止住。因失血过度，老叶虚弱极了，我又请求医生给他输血，输血后他才好一点，但完全不能自理了。家里的保姆弄不动他，我把事先找到的男保姆老胡请来帮忙。

从二〇〇二年元月起，我们家又多了一个男保姆。家里现在有三个人为老爷子服务。一个人常在医院陪护，一个人来回送东西在路上跑，一个人住家里买菜烧饭洗衣服。

元月是一年中最冷的时候，也是我最难受的时刻。我穿得又多，拖不动，平时走路都费力，何况是要爬医院的四楼。没有电梯，全靠一层一层张个大嘴往上爬，上一层歇一层，艰难地挣扎。白天我还能坚持来看他，最怕深夜老胡来电话找我。

元月七日夜里十一点，老胡来电话告急，家中只有我和妹妹两人。她有高血压，我不能让她去，我有病在身，不能受一点凉，只能找人去看望。我拨通了侄儿陈洪远的电话，说明了情况，他知道后立即和侄媳褚静一起赶到医院。他们去了，安慰了一下病人，给他服了两粒安定片，不一会儿，病人睡着了，他们这才顶着寒风往家走。

元月十一日晚十二点和元月十三日夜里十二点，老胡又给我来了告急电话，我万般无奈，只有再求人。十一日晚我拨通了外孙张英洲的电话，他二话没说，挂电话后立即去了医院。十三日深夜，我无奈拨通了二中校长张亮的电话，张校长马上安慰我，要我放心，他会立即去医院。放下电话，张校长和他夫人一起去医院安慰了病人一番。

那些天，我心惊胆战，夜里不敢睡，生怕听到电话铃声。我静下心来细想，虽说老爷子的病日益加重，但眼下用药也稳定了一些，我想同杨医生商量把老爷子转到中医科住院部去。中医科住院部离我家很近，五分钟就到了。杨医生同情我年老体弱多病，身边无子女照顾，答应了我的请求，主动与中医科住院部的杨主任联系，杨主任也同意了我们的要求，这令我感激万分。

元月十五日转了住院部，天下起了大雪。一下就是好几天，天冷得要命，路也滑得要命，好在离家很近了，不用跑那么远了。老胡到这边人头很熟，过去他在这边做过护工，夜里出现小问题，他也不给我打电话了，去找护士处理，或是自己护理。

在中医科住院部，我们又给老爷子输血、输白蛋白，增强他的抵抗力。我们对他虽然尽心尽力，但他的病仍在不断恶化，疼痛不已，呻吟不止，看到他消瘦痛苦的样子，我非常心疼，但也毫无办法。因为过度疼痛，他经常发脾气，甚至骂护理他的老胡。老胡也是六十多岁的人了，不愿忍受，几次卷起了被子要走人。我知道目前离不了老胡，我和妹妹都不能守夜，孩子们也不能回来换他，无奈之中只有苦苦劝说老胡留下，多次给他钱和物品，每日给他做好吃的，百般迁就他。还算不错，老胡不走了，留下来继续护理老爷子。

春节即将来临，子女也只有这个机会可以回来探望老爸。老三叶鹤先回来。回来后整天守在老爸的床前，喂水喂药，让老胡休息，看见老胡没有棉袄，他把自己身上的羽绒服脱下来送给老胡，自己还感冒了。他走后老四叶鸽从合肥回来了，还带来了双胞胎。老四一面照顾孩子，一面往医院跑，给他老爸送饭。他回来后，古碑的姑姑要回去过春节，老四直到腊月二十七才回合肥。腊月二十八那天，大儿子叶鹏从北京回来了。他回来的当天晚上，就住进病房陪护老爸，让老胡休息。腊月二十九日，小女儿从上海回来了，那天就是过大年。她回来就去了病房，和我一起，给她的老爸擦洗身子。

那几天天气阴冷，老爷子精神很差，原本想接他回家过年的。但医生说："不能回，他目前的情况很差，出去受了风寒，在大过年或大年初一出事就难办了。"我们娘仨商量了一下，决定从家里搬张小桌子到病房，把做好的饭菜端到病房，我们一家四口和老胡一起，在病房里过大年。

春节那天，一切都准备好了，沉静的病房有了欢笑，尽管大家心里都沉甸甸的。两个孩子把老爸扶起来，靠坐在床上，孩子们不断给老爸夹菜。春节那天，老爷子的精神还不错，吃了一些菜，孩子们还不停地向他敬酒，祝他身体早日康复，他也很高兴，还喝了一点酒。吃完年夜饭，老胡就出去看电视了。大儿子留在病房陪他老爸度过了大年夜。初一、初二、初三，连续三天，放老胡的假。白天我和女儿在医院陪护老爷子，晚上是大儿子在病房陪护，每天晚上，大儿子都要起来让他吃一次药，给他吃一次点心。

春节七天很快就过去了，年初五我们家的孩子全走了，家中只剩下了我和老胡。

慢慢走完人生路

年初五后，老胡一人在医院陪护，我要做饭、送饭，还要给病人洗衣物，累得扛不住了，一时也找不到人替换。碰巧女儿同学朱琴的姨娘王杏华进城来打工，没费事就让她留下来帮我了，但她不识字，也没出来过，什么也不会做，光是认到医院的路就认了好几遍。我本身气喘，讲不动也走不动，无奈，我打电话给原来的保姆陈家美，请她速来我们家，带带王杏华。

陈家美正月初八来了，王杏华跟着她，慢慢有了头绪，白天也能够替换老胡了。正月十五，王杏华要回娘家去。那天老胡也急了，心想元宵节是大节，要好吃好喝一顿，看我一时没去医院，耐不住了，丢下病人不管，自己跑出去买吃的，他刚走出医院，就碰到了我，我把烧好的四个菜和饭用篮子一块提来了。我热情地说："老胡，对不起，我来晚了，让你久等了。"老胡不好意思地跟在我后面回到病房。我们把老爷子扶靠在床头，我一口一口地喂饭，他已经不能自理了。

正月十六，古碑的妹妹来了，她来后发现已经有保姆来了，就想走。我说："你不能走，你是他最亲的人。孩子们都不在身边，只有我一人。人病久了，非常念亲情，你就在这里陪陪你哥哥，保姆也不走了。老胡、王杏华、你、我四人护理你哥哥。”

老爷子越来越不能自理了，大小便全在身上，一天无数次换洗。老天不作美，雨下个不停，没太阳晒，要生火烘。老胡弄急了，对老爷子态度不好，老爷子见了我，就要我给他换人。我说：“找不到人了，女的弄不动你。”

正月十八这天，一个农村妇女找上门来说要帮我，我看她人高马大又年轻，就决定收下她。我同老胡讲：“老爷子想回家，过年也没能回去，现在想回去住。我和姑姑、王杏华还有新来的小江，我们商量，把老爷子接回去，轮流护理。”我们把病人睡的床和护理人员的床移到一个房间里，把多余的家具都搬走了，一切弄好后，还借了一副担架。

晚上，我还多准备了几样菜，招待他们几个吃了一顿。吃过饭，我同老胡讲：“你护理我们家老爷子这么长时间，实在辛苦了。我们很感谢你。现在你先休息几天，我们把病人接回去，我们几个在家里轮流照顾他。他要是病重了，我再来找你，现在不办理出院手续。”老胡听了不大高兴，他不愿意离开。天仍然不停地下雨，老爷子的病好像又重了些。我问医生：“病人想回去住可以吗？”医生说：“按他目前的情况不能动了，一动就没有气了。”医生的说法把我们的想法全打消了。不能动，过年的时候医生是这样说，现在又是这样说，我该如何做老爷子的工作呢？

正月十九，他的病又加重了，说不出话来，咽不下东西，只能用管子吸一点牛奶和米汤之类的流食，喘得很厉害。站在一边的我们几个全哭了，我哽咽着同他讲：“老爷子，对不起你，原本一切都准备好了，想抬你回去，人也请好了，现在仍下着大雨，医生说不能冒雨回去，等天晴了，你的病好一点，再抬你回去，你同意吗？”

他已不能说话了，我说："你要同意的话，就点点头，不同意就摇摇头。"他听了，无力地点了点头，我放声大哭起来。

我重新调整安排护理时间，王杏华值班到晚上十点；老胡整夜看护，白天睡觉；姑姑白天值班。这样维持到正月二十二，他还能喝牛奶、米汤。这天晚上，我去医院问杨医生："依老爷子目前的情况，他还能维持多长时间？"杨医生说："他还能动嘴，说不定时间。"我嘱咐老胡，夜里不管天气多坏，只要老爷子有情况，你要及时告诉我们，我们三个老奶奶一起来。也就是在正月二十三日凌晨三时四十五分，在一阵紧迫的呼吸之后，老爷子静静地离开了人世。他后来几天也没有太痛苦的表现，只是像没有油的灯，慢慢地熄灭了。医生说："他死于器官衰竭，年老的人大多是这样，慢慢地走完人生路。"

灵车将我们和丈夫的遗体送往梅山青风岭殡仪馆，一切都准备好了，丈夫的遗体被放入水晶棺材时，我又一次仔细地看了看他。他十分安详，像是在熟睡。我用手摸了摸他的额角，把面巾给他盖好，泪水像断了线的珠子，一个一个地掉下来。

我将永远陪伴你

人老的时候，不由得不谈到后事。关于他的后事、我的后事，我们两个商量过多次，他原本不愿火化，我也没打算火化。在他生前，我曾托人在我们居住的对面山上买下了四十八平米的一块地，花了一千三百多元钱，还请了一桌酒。两个学校的领导及生产队的领导都参加了。那里地势很好，既有城市的喧闹，又有山村的宁静，同时还可以听到二中和一小学生们的欢笑声、歌唱声、读书声。这是我向往的地方，我们两个都亲自去现场看过。

现在那个地方去不成了，因为县里统一规划，在青风岭建了公墓。他不愿去青风岭，主要考虑到子女都在外地，留个坟墓在梅山，反而给子女添麻烦。反复考虑，决定火化，把骨灰盒交给子女，随便他们怎么处理。

三月八日上午九时许，和遗体告别后，二中校长张亮及我们全家人，外加亲友，乘专车护灵至六安火葬场，五个子女目睹父亲火化。买了最好的骨灰盒，用作火化的寿衣也是最好的。小儿子边哭边把父亲的骨灰一点点地装进骨灰盒里，大儿子手捧骨灰盒在前面走，我们跟在后面，把骨灰盒送到火葬场骨灰存放室，站在骨灰盒前三鞠躬，和老叶告别后回程。

为了祭奠，民间做"五七"，他死后我在家哪也没有去，与妹妹两个守了一个"五七"。"五七"这天，二儿子回来了。我们事先约定好了，这一天小儿子从合肥动身，我与二儿子从梅山动身，我们娘仨从两地到六安火葬场汇合，把骨灰盒接到合肥小儿子家里。这天与我们同行的有二中的张亮校长及亲友。我们在六安祭奠完毕，二儿子将父亲的骨灰盒紧紧地抱在怀里，一直抱到合肥。

骨灰盒不能老放在家里，要入土，入土为安，这是民俗。孩子们与我商量要买墓地。女儿在上海听说几家公墓不错，就邀他二哥和我去现场考察。我们去了天马公墓，也看了其他几家公墓的宣传材料。我感到上海公墓好是好，但太远了，我们不熟悉，我倾向在六合公路不远的合肥小蜀山公墓下葬。我们都是金寨的退休教师，公墓就在公路旁边，每天都有金寨的车辆来往奔驶，熟悉热闹，离小儿子比较近，有一对双胞胎在合肥，其他的孩子回来扫墓也顺路和方便。

子女尊重我的意见，从二〇〇二年八月起，去小蜀山考察、联系、选地。二儿子、三儿子、四儿子先后陪我四次去小蜀山公墓，最后由他们三兄弟选定了一块在最新开发的五号墓区中的三穴改两穴的墓地。接着，我与小儿子分头准备，在合肥的准备办理买地手续和安放事宜，在金寨的找人商议安放日期及家里要办的事情。我写好了全家人的出生年月，还写好了碑文。

一切准备好了，定于二〇〇二年十二月二日下葬。这天天不遂人愿，下起了大雨。原先说好了，风雨无阻，只是我因病不能前往。三儿子专程从河南平顶山赶来，他和弟弟从合肥将他父亲的骨灰盒护送到小蜀山。妹妹、侄儿和帮助办理安葬的老先生冒着大雨赶到现场。事先我们准备了帐布挡雨，在风雨中他们把骨灰盒安放好了。

说也奇怪，我因病没有参加丈夫的骨灰安放，心里很是不安，因为他的事不管大小没有我不到场的。当晚，妹妹回来和我谈了小蜀山的墓地，她认为这块墓地朝向好、开阔，给人感觉很暖和。夜里我梦见了丈夫，他两只眼睛发蓝，老看着我，好像还说了一些话，我一醒来就全忘了。第二天我没同妹妹讲，晚上做梦又梦见他了，他好像很委屈的样子，我一下子惊醒了，决定亲自去小蜀山公墓看一看，多带点钱纸去烧烧，并且祷告，请四周的邻里多关照他。

天刚亮，我就拨通了侄儿陈洪远的电话，向他说明情况，请他再陪我去一趟小蜀山，他答应了。我们租了车，径直去小蜀山，来到他的墓前，我们做完了祭奠，并给四周每个墓都烧了纸，祷告一番。我站在他的墓碑前流泪三鞠躬，我说："老叶呀，你安息吧，你的碑上已刻上了我的名字，我将永远永远地陪伴你。"

心中永存的遗憾

老叶去世，我很长一段时间都没有告诉婆婆。因为她年事已高，我们担心她过度悲伤，不利于身心健康。

一九七七年冬，陈老爷子因病去世，我们沉痛地悼念他。陈老爷子去世后，她和孙子陈洪远一起生活，仍然居住在她和陈老爷子共同生活的房子里。陈老爷子是抗战时期参加革命的老干部，婆婆享受老干部遗孀的待遇。我们对婆婆仍然尊敬孝顺，每逢过年、过生日、生病时，我都要亲自前去问候。婆婆自己挑选了孙媳褚静，洪远和褚静结婚后感情融洽，又添了重孙，生活得非常愉快。

婆婆到陈家后对我们很好，特别是在我们家的成长过程中，她和陈老爷子给予了我们极大的关照，帮助送走了两个大孩子参军，从此，我们家的情况开始好转。这种大恩大德将永远被我们全家铭记于心，并不断地给予回报。

婆婆与陈家的孙子生活在一起，他们对她挺好的，我的几个孩子也都不断地买东西和寄钱给老人。特别是大孩子叶鹏，定期给奶奶补贴，每年不断，老人很欣慰。

丈夫因病去世后，留下我一人在家，慢性病经常犯，也需要人陪伴与照顾，我请了一位保姆。保姆来时我就把服侍老太太的活算上了。保姆定期去给老太太洗澡、洗头、洗衣服，等等，老太太也有了专人过问，要好多了。我表示，只要我在人世，就一直过问老太太，直到她临终，或者我临终。

二〇〇三年农历正月初十，婆婆突然摔倒了，洪远急了就给我来了电话，接过电话我就让保姆去看望，我随后也赶去了。我送去止痛药，还有膏药让她贴上，并送去了牛奶、水果和糕点。她想吃白果，我上街到处找，找了几条街才买到。我原本想把老人家接到我家和我一起过，但侄媳考虑到我也年老多病，无力照顾，没有同意她来我家。我让保姆每天去看她，我也经常去看她，每次去少不了给她带些吃的。

二〇〇三年四月，侄孙上高中离家较远，侄子洪远在学校附近租了房子，侄媳去陪读。侄子要去粮食储备库工作一个多月，这样照顾老太太的事就落到了我身上。保姆每天都要给老太太弄吃的，有时去他们家做，有时在我家烧好送去。二〇〇三年八月，侄子又接到任务要出去工作一段时间。我立即赶过去了。婆婆虚弱得不能外出了，就坐在家里等我们给她送吃的，给她洗脸、洗澡、梳头。她喜欢吃红烧肉、猪蹄子、鸡蛋饺子，等等，凡是她爱吃的，我都叫保姆去买，买回来我烧好让保姆送去。这样持续了一年，她身体越来越差，有时大小便失禁，我给她送去纸尿布，送替换的被单。总之是不厌其烦地照顾她。

二〇〇三年十月，天气渐冷，我身体不好，常年怕冷，冬天山区更冷，女儿想接我去她那里过冬。我虽然决定要出去，但在走之前，我把有关事情同侄子侄媳讲好，要他们给老太太请保姆，钱我们家给。我十月九日离开金寨，走的前几天，还给老太太送去了吃的、用的，等等。

我离开他们不到两个月，侄子打电话给我说老太太病重了，我立即给他回电话，到处打电话找保姆，叶鹏也立即汇去了两千元钱，要他们请保姆，我们娘儿五人也汇去了一千元。保姆费有了，医药营养费也有了，老太太的娘家弟媳去服侍了她近半个月。此时，婆婆已是八十九岁高龄，身体器官都在自行退化。不到一个月，婆婆于二〇〇四年一月六日仙逝了。

当晚十点左右，我接到洪远的电话。我哮喘在身，稍微一动，便气喘吁吁，实在是无法亲往，便叫叶鸽立即从合肥赶到金寨。大儿子叶鹏接到电话时，当天已无任何交通工具可以离京。他一月七日乘早上头班飞机，十一点左右飞到合肥，以最快速度赶到灵堂，为奶奶守灵。大儿子又给了三千元，我们娘儿五人又给了一千元。在老太太病危与去世期间，我们共给了七千元，以表我们全家人对老太太的孝顺之心。虽然如此，我心中仍感内疚，未能亲自给老太太送终。

我的精神支柱

二〇〇四年，孩子们怕我在县城生活有困难，共同出资，把小儿子岳父母给小女儿、小女婿的三室一厅的房子顶了下来，装修得豪华舒适供我居住。房子在三层，上下楼不觉累。房间靠东，太阳一出，阳光灿烂，亮堂堂、暖洋洋，对有肺气肿和怕冷的我非常合适，我很知足、很满意。但是人老了，事情就是多，我总觉得少了点什么，精神上感到孤寂。孩子们也很为难，他们没有办法把我的生活环境和熟人也搬来。我的身体也总有问题，这是我最苦恼的事情。

小女儿是我用生命争取来的，是我用心血和汗水浇灌出来的。在工作上，她由基层工人步入公司领导层。婚后，她热爱小家庭，把家料理得有条不紊。夫妻互敬互爱，互相帮助，孩子品学兼优，年年期期受到表扬。她尊敬孝顺公婆，公婆也关爱她，支持她。她家称得上是文明、礼貌、幸福、美好的家庭。她幸福是我梦寐以求的心愿。更贴心的是，她近年来对我的思想帮助很大，她能够理解我并关心我。老爷子去世后，她多次接我去上海，每次都住五个月以上。她不断抽空回来看我。特别是春节，她必回来陪我过大年。

有时天太冷，冰天雪地，我劝她不要回来，她在信中写道："有什么比我回去陪老妈过年更重要呢？虽然只回去住了几天，但只要亲眼看看您老，也就放心了。"她还说："我可能买不到提前回来的车票，就乘车年二十九回去过大年，大年初四回沪，请不要劝阻一颗真心想念母亲的女儿的心。妈妈，等我回来吧。"从这些发自肺腑的话里，可以看出女儿爱母亲有多深。说实话，我又何尝不想女儿回来呢？只是春节归途太难、太难。

二〇〇五年八月，我住在合肥，因受凉感冒把支气管炎、哮喘和肺气肿带犯了。起先我按老办法吃消炎药，有时也退烧，但到夜里就又开始发烧，一连几夜都不能入睡，咳喘得厉害，不能平躺。我打电话给叶鸽，要他过来陪我去医院。之前去医院看过一次，只做了一般性的检查，在医院吊了半天的药水，回到家里晚上又开始发烧。这次医生说"是肺炎，要住院治疗"，把我介绍到第一人民医院呼吸内科住院部，小儿子陪我办了住院手续。那天雨很大，风也很大，我们好不容易到了住院部，吃力地爬上五楼，结果呼吸科在八层，等我爬到已浑身湿透，像个落汤鸡。叶鸽询问床位，护士说没有，只能在过道加床。过道八面通风，叶鸽说："妈妈，你不能住，你本来有病咳嗽发烧，衣服又湿了，怎能住这样的地方呢？我们去别的医院看看吧。"这里情况虽然不好，但外面风雨交加，别的医院事先又没联系。小媳妇在电厂上班，家里双胞胎孩子没人照管。我说，既然来了就在这里吧，他们收留了我，住过道他们也得管。夜里有值班护士和医生，即便有事也不用担心。我催叶鸽找医生检查用药，赶快回去照顾两个孩子。

这一夜有保姆陪伴，她给我换了衣服，陪在我身边。我咳嗽不停，浑身发冷，喘得厉害，不能平躺着，只能坐着。我坚持到天亮医生上班，谁知并没有医生过来看望，护士拿着一大堆抽血化验的单子和药物，叫我吃糖尿病病人的饭菜。陪我的保姆没处吃饭，她不识字，也没出来过，只有饿着，叶鸽中午过来时，她才吃上饭。下午仍然没有医生来看病，我实在耐不住了，找主任给我想办法换地方，主任也没有办法。我提出要回家住明天再来，主任先是同意了，但想了想又不敢了，我毕竟是他们接收的外地、七十多岁的老年人，如果出了问题，他是要承担责任的。他把我安排与一个男病人住一个病室，中间用东西隔一下，我答应了。

我本来认为这里的医疗条件好一些，借此把身体好好检查一下。但他们却给我开了一大堆从没听说过的检查项目，每天一大早不吃不喝就抽血化验，每次都在二十毫升以上。有时抽静脉，有时抽动脉。每天都输进口的高档消炎药水，还吃糖尿病病人的饭菜。几天下来，我的病不但没有好转，反而加重了。气也上不来了，肠胃也坏了，只要小便，大便也跟着下来。找不到医生，只有问护士，护士叫我吃止泻药，但也止不住。我越来越虚弱，向医生要求减量，他们说不能减，我生气地说："我快要虚脱了，你们也不管我，我受不了。"

正在这时，女儿从上海赶到了医院，她找医生问情况，又找CT科室主任看片子，这位医生是女婿的同学。他看后说："只是一般的炎症，哪需大动手脚？七十多岁的老人了，体质本来就很差，经不起这样的抽血化验，用高档大剂量的药。"女儿听了很生气，要去找医生说理。我说："算了，算了，算我倒霉。我亲眼看见了、亲身体验过了城市老爷医院医务人员对病人的态度，看到了他们的黑心。他们认为我是外地的医保，医药费也不受限制，天天交现金，是他们赚钱的好机会，所以坑我。"

女儿请假回来看我，给我洗刷，买可口的东西，晚上睡在椅子上陪护我。她来后我的精神明显好多了。我同女儿讲："现在不发烧了，炎也消下去了，肠胃紊乱和虚弱气喘在这里弄不好，我们回家去慢慢调理吧。"女儿同意了，在医院结账时发现，有一项重要检查的血样竟然没有送检。这年头，医生和护士的工作态度没法说，对病人的生命没有基本的尊重。

回到家里，女儿一夜起来观察我好几次，定时给我吃药。她去药店买了许多常用药回来，并买回小药箱，把药分门别类地放在每个小药盒里。我的橱子里放满了她带回来和买回来的各种药，平时有小毛病，可针对性服用，方便多了。叶鸽也抽空来看我，帮我买菜。这段时间，天气特别热，可越热我却越冷，整天出汗，气虚。平时人家穿汗衫裙子，我得穿三层衣服，还穿长筒袜。有时还得穿棉袄，盖棉被，把大汗捂出来，一点也不能见风，电扇和空调都不能开，窗户也不能开，有时门也得关上，一个人坐在密不通风的屋子里。

二〇〇五年九月十六日凌晨三点，我感到难受，浑身发热、出汗。不知怎么的，特脆弱，一下子哭起来了，家中就我一人，感到异常孤独无助。我想到了海燕，天亮了是星期五，接下来是双休日。我打电话向女儿求助，我希望她能回来看看我，带我去看中医。我把电话拨过去，对面传来女儿的声音，我激动地老泪纵横，颤抖着说："海燕，你快回来，妈妈要撑不住了。"女儿忙说："妈妈莫急，我回来，我马上就去买车票。"

挂断电话后我顷刻冷静下来，突然感到不安，开始责备自己，怎么能在电话里跟女儿发出这么紧急的信号呢？女儿在大都市工作，远隔千里，虽不是日理万机，但也是事情繁多。她接到这么紧急的电话，能不忙乱吗？要是在忙乱中出了事怎么办？正想着，女儿电话来了，她说："我已乘上来合肥的火车，让小哥晚上十一点到车站接。"海燕当夜十二点风尘仆仆赶到我身边，她摸摸我的头和脸，又摸摸我的手，眼睛湿润了。见到了女儿我的精神好多了。

第二天是星期六，省中医学院附属医院的薛希林书记刚好值班。他是金寨过来的医生，人很好，我找过他看病。像我这种病，西药没什么好办法，只有找中医。如果错过了今天，很难找到他。我们到了中医附院，薛希林给我开了五剂中药，让我每天煎一剂，之后小儿子叶鸽又帮我拿了六剂。我继续煎服，感到好一些，身上不那么冷了

二〇〇五年国庆七天长假，女儿、女婿带着小外孙伟伟从上海来看我。吃的用的带了不少，最重要的是为了给我治病，女婿特意回来与他在合肥的医务界的同学联系，与他们约会见面，请他们吃饭，把我介绍给他们，请他们在我就医的时候多多关照，使我感到十分温暖和体贴。

晚年的依赖

叶鸽大学的专业是建筑材料，我们家在省内没有子女，家里希望他能在合肥工作。也是机会合适，他毕业顺利地分在了安徽省建材工业学校。刚到那里时，学校条件并不是很好，但他热爱这个岗位和职业。在他走向课堂之前，我带着他在教室里试讲了一次。我让他练习老师的仪表、教态、语言、板书，等等。到校后，他很快得到了领导与同志们的好评，三年后他成了教学骨干，

晋升为学校学生科科长，同时还担任班主任的工作。一九九二年被评为优秀班主任，受到学校与上级的表彰。由于精通业务，又于一九九六年转为学校专业科科长，负责专业教学的研究与发展。在这期间他还入了党。

2010年春节在合肥与叶鸣、金爱群以及双胞胎孙子金子毅、叶子聪合影

国家教育体制在不断改革和发展，国家决定把合肥地区的几所中专学校改制合并升级，成立一家高级技术学院，归入大学行列。合并后的学院名为合肥职业技术学院，重新组建校系领导班子。在这次体制大变革中，叶鸽经受住了考验，担任了建材系党总支书记，仍然承担专业课的教学工作。

叶鸽自小跟我长大，围着我转，理解家庭的困难，从小就希望帮助父母摆脱困境，减轻负担。他九岁时就和哥哥一起脱土坯，我记得很清楚，他光着脚丫和泥巴，两只脚不停地在稀泥中进进出出，衣服上溅满了泥点。脱土坯被看作是农村最重的体力活，一般都是成年人干，一天下来腰酸背痛。他小小年纪不顾父母的劝说，和大人一样干了起来。他用铲子把黄泥巴铲进模子里，蹲在地上，两只小手不停地在模子内把泥巴抹平，然后脱去模子，坯模就成了一块湿土坯，在太阳下先晒一面，然后再翻过来晒。他人虽小，但动作快，看着他麻利的样子，实在是心疼人。那时，我们家一个暑假能脱千多块土坯，卖几十块钱，我拿卖土坯的钱给老三买件袄面，用旧里子找人给他做了件棉衣，给老四做了件灯芯绒夹克，另外买了一双尼龙袜子。他们小哥俩穿在身上，满脸都是笑容。

十岁时，每到星期天，叶鸽都要跟着我上山拾柴扒松毛，他十分可爱，无论干什么都不讲价钱，整天乐呵呵的。上了山动作十分麻利，比我动作还快、扒得还多。我们两个干一两个小时，就装满了两筐松毛，下山时我挑着，回家当引火的燃料。艰难的童年生活磨炼了孩子们的意志，也融洽了他们与父母之间的感情，几十年来，他们都珍惜和父母的感情。

我曾对自己说：我很幸福，我常在人群中生活。白天开始了，我去到了学校，走进教室，一大群活泼可爱的孩子看着我，在校园里，我耳里充满了朗朗的读书声和清脆悦耳的歌声。我会忘掉一切烦忧，在欢乐中工作。回到家里，我有五个可爱的孩子围着我，我为他们过得再苦再累也感到幸福和快乐。

二〇〇三年，小女儿再次接我到上海。就在这时，大儿子叶鹏提议让我晚年在合肥长住，我思来想去，同意了他的建议，几个儿女也同意。我之所以同意，还是因为靠着叶鸽近。

第一，五个孩子中我最爱他，可以说有些偏爱。俗话说“爷奶疼的长孙子，爹妈疼的断肠儿”，即爹妈疼老儿子。说真的，真宠他，自他出世后，直到长大成人，我没有碰过他一指头，其余的四个孩子我都打过。第二，叶鸽的媳妇金爱群性情温和，我性情急躁，能够互补。第三，他继承了我和他父亲的职业——教师，教师这行业有暑假寒假，与其他行业相比，教师的时间要宽裕一些，能有时间关照我。第四，合肥是安徽的省会，回去比较方便，我的医保、工资等在省内好处理。第五，合肥人说话好懂，生活水平与下面差不多，合肥是安徽的交通枢纽，外出比较方便。

我的到来无疑给他和小媳妇增添了许多麻烦和负担。先是为我装修房屋，叶鸽过度劳累，驾驶摩托车出事故，小媳妇从上面摔下来，腿伤了好多处，还请了半个月假休息治疗。搬家的时候，叶鸽亲自跟我去金寨。我每次生病住院，都是他来回跑，送汤送饭，取药端水。和他靠得近，意味着他要多付出，多牺牲。总之，住在合肥就意味着我的晚年生活得依赖他了。当然，这并不是说其他的孩子不管我了，相反，他们总是邀请我去，要我去上海，要我去北京。三儿子在北京买了房子，以后我到北京就又多了个去处。只要我的健康许可，北京、上海的孩子们都欢迎我每年去住几个月。只要我的健康许可，我将在北京、上海、合肥、梅山之间随意走动，这是上天给予的恩赐，我要尽享我的晚年幸福和天伦之乐。

不管如何，我在合肥的时间将会是最多的。老伴下葬的小蜀山公墓，离我现在的住处只有半个小时的路程，等我百年之后，就可以和他永远在一起了，我是不会寂寞的。在合肥，我有一对双胞胎孙子绕膝，看着这一对一模一样的天造之物，我永远都是快乐的。这就是我选择合肥的最大理由。

反响意外强烈

二〇一二年我八十岁，儿女们为给我祝寿做了精心的准备工作，举行了隆重的庆祝仪式。最重要的是，我自费出版了《八十沧桑——一个山区小学女教师的人生自述》。这本书我写了十几年，大儿子做编辑，大儿媳拍照片，二儿子把有些要件翻译成英文，五个孩子都为这本书写了感言。付印前，大儿子给我打电话征求意见，说是准备印三百本。当时我和孩子们都很犹豫，觉得印数太多，到时没人要看，放在那里压箱底难处理。

《八十沧桑》封面

金寨县梅山一小召开《八十沧桑》座谈会

后来的发展出乎我的想象，三百本远远满足不了老朋友和曾经共事过的老师们的需求，以致后来很多人找我要书看，而我只能抱歉地说："对不起，书已经送完了。"看过的和没看过的亲友们不仅争相要书，热心人还开了三场读书座谈会。

二〇一一年九月九日，我工作的单位金寨梅山一小召开了"《八十沧桑》座谈会"，学校的领导和同事们畅所欲言。一小党支部书记刘必俊说："《八十沧桑》总结了詹老师自己八十年来坎坷的个人历史，写了自己的家庭、事业、爱情及个人追求的目标与信念，她对家庭教育和人生事业的信念追求对我触动很深。她对孩子的教育和培养是成功的，五个孩子均为高才生，现在成为国家的栋梁之材。她从二十世纪五十年代开始写入党申请书，坚持每年递交一份，历经三十年，不放弃对党的向往，坚持干好工作，忍辱负重，直到一九八三年才改正错划'右派'并被吸收入党，实现了她终身追求的理想，直到现在每年年终都打电话请相关同志帮她交党费。这体现了一个老党员、老教师的高尚情操，是值得我们学习的。"一小教务处副主任皮琴老师说："当我看到《八十沧桑》这厚厚的一本书时，心里为之一震，一位耄耋之年的小学退休教师竟笔耕不辍，写出十九万字的人生自述，这考验的不仅是文字功底、生活感受，更考验的是一个人的毅力和精神。教育前辈是我的楷模，让我知道一个好老师、好母亲是如何走好自己人生的每一步的。"江焕生老书记是我的老领导，是过去的教导处主任，他特别从教学方面谈了感受："第一，詹老师的敬业精神值得我们学习，她过去每天放学回家都要自制教具，第二天认真教学。第二，她在担任教研组组长的时候，每星期都听老师们的课，听后她还进行讲评，她的学生们都对她很尊重。第三，詹老师过去每天还坚持写教学心得。"

二〇一一年九月十日，丈夫老叶工作的单位、我家居住的地方——金寨二中也在小会议室召开了"《八十沧桑》座谈会"。二中工会副主席徐伟主持会议，易燮、孙业旭、徐伟、许辉池、何文瑶、刘东明、赵林、蔡盛彬、陆伟民、郑学军等老师参加了会议。高中退休语文老师许辉池说：“詹远英伉俪与我们夫妇相识相交达半个世纪之久，双方均从教，先后同事，且晚年又同居一栋楼成为邻居，自是情谊深深。”他们夫妇读了《八十沧桑》后，感触良多，还写了三首诗：“杏坛执教到鬓霜，日久天长育众芳。喜看后生多展翅，鲲鹏成伍燕成双。”“鬓皤白发话沧桑，自是坎坷道路长，细说流年千年事，回峰曲道隐炎凉。”“南窗灯下忆苍黄，为教儿孙识短长。百载风云多变幻，斯人幸庆寿而康。”青年外语老师蔡盛彬说：“詹老师是我的数学启蒙老师，她身上有一种精神，教会我们怎样做人，我相信中国的母亲能像詹老师这样活着，就有尊严、就伟大。”已经退休的高中数学高级教师何文瑶说：“一个教数学的老师能写出一本书，令人感慨，从此书中可以看出詹老师是一个很顽强的人，与她相识近三十年，其乐观的人生态度、豁达的胸襟感染了我，读她写的书时，仿佛詹老师就站在面前。她的耐心、家庭教育经验值得我们学习。”二中副校长孙业旭说：“《八十沧桑》这本书记录了一个平凡人的坚强人生。作为人师，詹老师是一位好老师；作为人母，她是位优秀的母亲；作为人，她是我们做人的楷模。”

我没有想到的是，有些老同志还专门写信来谈阅读《八十沧桑》的感受。金寨县原分管教育的副县长、后调任六安市人大主任的曹承芳，离开金寨有好多年了，他从金寨县体委原主任张典中的儿子张远虎那里得到了一本《八十沧桑》，看完后来信写道：“我非常欣赏您讲的‘人生不可能步步都正确，即便是走错了，甚至走到了深谷之中，也不要紧，返回来就是’。这是您人生经验之谈，更是您酸辣苦甜的升华。”和我有六十年多年交情的县教育局研究院李仁和老师也专门给我写来了读后感。我们一九五〇年认识，互相知根知底。他写道：“我很欣赏詹老师在后记里写的话：‘普通人做好普通事，这样的人生也是成功的，也会得到世人的尊敬。’詹老师也是普通人，但我认为她的人生并不普通，因为她在生活中有明确的人生信念和顽强的奋进精神。她面对日常生活与工作中的琐事、要事、难事，都能正确对待，认真做好。她吃过旧社会的苦，体会到新社会的温暖，热爱新中国、热爱共产党，懂得如何做人，勇于前进和战胜困难。作为普通人，要做到这些也是不容易的。”

我手捧孩子们送的鲜花走进八十大寿庆贺会场

八十大寿与5个子女合影

第三场座谈会最为特别，是我的老朋友张典中主持的。我和张主任因为处人处事观念相同而彼此尊重，他对我的《八十沧桑》有特别的好感。他写道：“詹远英老师用人生数十年的艰辛、劳苦、磨难、经历，有序地梳理了人生旅途中发生的极其动人的故事情节，展示了党的好女儿、教育工作者勤勤恳恳、任劳任怨、不懈努力、积极进取的人生风采。”他还引用了郁达夫先生的话：“一部好的作品应该有益于天下，有益于后人。”为此，他到处推荐《八十沧桑》，认为值得大家学习。二〇一一年九月二十日，他在体委宿舍楼老同志书画室组织开了一个座谈会，参会的有两人，张典中和县文艺创作组原组长高显仪（画家）。虽然只有两个人，但他们关爱我的作品，关注我的人生，其精神令人感动。张典中还在电话中采访了《金寨文艺》主编段宏政，请他谈谈读《八十沧桑》的感受。段主编说：“詹老师的人生既平凡也不平凡，她在平凡的工作中，创造了人生的不平凡。”

《八十沧桑》在我生活的圈子里反响还算强烈。我和大儿子交换了意见，我们一致认为，八十岁的人还依然有生活理想和追求，这确实能引起别人的关注。出了书，人家称赞几句，这是溢美之词，是客气。我们感谢别人对我们家的关注和赞美，但我们不能就以为自己很了不起，我依然要过普通人的生活。因此，即便已经出了书，我也一直坚持写日记。没有本子的时候我写在日历上，已有十几本。后来儿媳谢湘、女儿海燕给了我不少日记本，我就在本子上写，也写了五六本。我奉行个、十、百、千、万的文化生活：个，就是每天做一件好事；十，就是每天接触十个人，电视上的人也算；百，就是每天写一百字以上的记人记事短文，这件事我也一直坚持，生病了写不了，病好了也要补上，每天不少；千，就是每天看一千字以上的报刊书籍；万，就是每天走万步，我不能外出，每天就在家里从这个房间走到那个房间，有时走不到这个数字，也尽量多走点。总之，尽量把生活过得充实点。

举世瞩目的胜利

《八十沧桑》出版后，我们家的生活节奏依旧，我大部分时间住在梅山，五个儿女经常回来看望我。在这期间，我们家又发生了很多大事，有社会影响力的是二儿子叶鸣代理的“中威船案”终于被强制执行了。

二〇一二年十二月二十二日，最高人民法院驳回“中威船案”被告方的申诉。陈氏家族终于赢得了长达二十二年的“诉讼长跑”，但是日本被告方仍拒不履行已生效的判决，二〇一四年四月十九日，上海海事法院强制扣押日本商船三井株式会社的轮船，以迫使三井履行法院在七年前就做出的判决，赔偿原告方2,916,477,260.80日元，约合人民币两亿多元。

从一九三六年合同签订到二〇一四年执行判决，“中威船案”时间跨度为七十七年，据有限查证，这是历史上涉案时间最长的经济诉讼案。漫长的时间让出庭律师叶鸣刻骨铭心。一九八八年，他作为“中威船案”的五十六名顾问团、律师团成员之一介入了案件。七年后的一九九五年，他作为主要责任出庭律师力挽狂澜，改变了以往庭审的被动不利，开创了胜诉的局面。他介入案件时，女儿叶珊宁还没有出生；他第一次出庭代理时，女儿只有四岁；判决执行时，女儿大学毕业已经两年了。漫长的二十六年坚守，磨去了一个律师的青春年华，成就了叶鸣严谨、敬业和高度负责的律师职业品格。

这场官司从东京打到上海，前后开庭五十三次，大批中外政要、法律精英都关注案件的进展。前总理周恩来和国家领导人廖承志曾给予中威公司在东京起诉日本政府提供了支持和帮助，日本国前首相石桥湛山对中威公司表示了同情和支持，石桥湛山的秘书绪方浩出任中威在东京状告日本国的律师团首席律师，前驻日本盟军最高指挥官麦克阿瑟曾专门答复中威公司的询问，前日本国法务大臣中村梅吉曾作为被告人到法庭被告席出庭接受询问。

在上海的诉讼进行到了判决执行之时，双方基本平静下来，“中威船案”已经剥离出裹缠在身上的历史重负，还原为一桩中日民间经济诉讼案。被告既已到庭，就意味有接受审判结果的可能。强制执行意外顺利，充分说明了这一点。日方被告或早已认定，自己在“中威船案”上做了亏心事，这笔钱是要赔偿的，但就看原告方能否有本领拿得去。日本人的性格是崇拜强者的，在最终被强制执行的过程中并没有反抗，应被视作是臣服的表示。

该案被强制执行后，在国内和国际都引起了强烈的反响。新华社、中央电视台、路透社、法新社、共同社、朝日新闻、《人民日报》《纽约时报》《华尔街日报》等国内国际主流媒体均在第一时间报道了此案的审理及执行的结果，对该案的审理及判决执行等给予了很高的评价。《中国青年报》《南方周末》《北京日报》分别对叶鸣就此案进行了专访，并分别发表了一整版的长篇报道，这些报道又被全国各地的各种媒体转发。二〇一四年九月，最高人民法院将此案作为典型指导案例下发全国法院。二〇一五年三月，最高人民法院院长在向全国人大提交的工作报告中专门提到了“中威船案”的执行情况。二〇一六年初，叶鸣在美国权威的《海商法季刊》上发表了用英文撰写的关于中威案件研究的长篇论文。

我万千感慨，我们家过去和司法界无任何交集，无任何一点人脉关系，叶鸣独闯世界，从一个在读的法律研究生到参加这个案件的律师团，最后成长为这个世纪诉讼大案原告方挑大梁的出庭律师，打赢了中国对日本民间索赔诉讼的首场官司，为受欺压的中国人争了一口气，这是我们家天大的骄傲。

以后大儿子在系统整理“中威船案”的材料时，看到了赢得这场官司的奥秘：如果叶鸣不是在美国求学，他根本接触不了这个案件研究和代理辩护所需要的许多国际法律的知识，如果没有他对这些法律的精细研读，也就无法揭穿日方所布下的骗局。他利用日本人提供的材料，把日本人告倒了。叶鸣在关键的第五庭辩护中进行了长达五个小时的辩护演讲，整个法庭鸦雀无声，日方被告和代理人目瞪口呆，毫无还手之力，最终不得不接受正义的判决。这真是一件人生的痛快事，竟然让我的儿子遇到了，成了胜利者，实现了他自孩提时代就立下的报效祖国、为中华民族争光的理想。

随着“中威船案”的了结，二儿子在太平洋两岸的司法界也享有了声名。他现在可以安心地把大部分精力都放在了自九十年代中期就开始的中美两地间的投资和商务法律咨询服务业务上，孙女叶珊宁已大学毕业，在旧金山市区从事教育工作。他们全家在美国愉快幸福地工作和生活，每年都回国内来探望我两次。

三儿子叶鹤由于工作出色，成绩卓著，二〇〇八年公司提升他为选煤工程一所副所长，分管所内技术业务，二〇一四年公司再提升他为选煤工程一所所长。三儿子真是人努力天帮忙，赶上了煤炭行业黄金十年大好时光。北京华宇是国内煤炭行业著名的国际工程公司，与国外同行有较多的技术、业务往来，公司先后派他出国考察、交流技术、联络工程设计和执行 EPC 总承包业务，足迹遍及美国、欧洲、非洲等地区。叶鹤的儿子叶千已经大学毕业，在北京华宇公司从事他外公、外婆的专业——土木工程的设计工作。

二〇一四年六月，老四叶鸽的两个双胞胎儿子参加高考，以优异的成绩分别考取重庆邮电大学和安徽师范大学。其中，叶子聪于二〇一六年八月赴韩国世宗大学留学。

重孙叶剑铠百天时与孙子叶珠峰、孙媳陈雪合影留念

女儿詹海燕仍然活跃在上海轨道交通大发展的舞台上，成为上海市优秀女性科技工作者中的一员。女婿晓峰成为上海心理咨询业界的资深专家、上海心理咨询师资格证考评组成员。外孙彦森二〇一三年去美国布兰迪斯大学留学，成绩优秀，每学期均获得优秀学生奖励。

这样，继第二代五个子女之后，我家的第三代子女六人全部进入了高等学府，接受高等教育，我们这个家庭，真正算是有文化的大家庭了。

到二〇一六年，我的家庭又发生了许多变化，大儿子叶鹏、大儿媳谢湘都已退休，他们都过了六十岁。大孙子叶珠峰大学毕业后在《中国体育报》当了五年记者，现在腾讯旗下的《天天快报》工作，负责体育频道的编辑工作。他和陈雪结婚，生下了我们家的第四代——叶剑铠，我荣升为老太太了。在我有生之年，能体会到四世同堂的其乐融融，真是一件人间美事。

后　　记

詹远英

一九八七年十月，我从工作三十八年的教师岗位上退休了。头几年同老伴走南到北去几个儿子家里，为他们承担部分家务，帮助照看第三代。

一九九二年八月，小女儿詹海燕大学毕业后，留在上海市地铁公司工作，被安排到上海市郊区的梅垅基层工地实习。单位没有宿舍，连一张床位也不能提供。公司离梅垅有一个半小时的路程，海燕的住处成了大问题。海燕二哥叶鸣在同心路一一六弄二号楼有一室一厅的房子，虽然面积小，但厨卫设施齐全。她二哥一九九一年去美国攻读博士学位，二嫂陈红去陪读。叶鸣得知海燕的困难，就立即让海燕住到同心路的宿舍去。

天大的困难立即化为乌有，孩子们已在互相扶持，这让我感到特别高兴。同心路离梅垅有两个小时的路程，这栋宿舍刚建起来，住进去的人还很少，大家互不相识。海燕每天早出晚归，尤其是晚上回来很晚，遇到夜班经常要到夜里十二点才能回家。

女儿刚分到单位，万事开头难，我很挂念她，就和老伴商量好，他去平顶山三儿子处帮忙，我去上海同心路和女儿住一段时间。我在同心路住了四个多月，白天就是我一人在家，因而有大量的空余时间。忙碌几十年的我，实在是闲得无聊，在这段时间里，童年的往事，历史的冤案……不断地涌进脑海，简直赶也赶不走。

过去我也曾动过把这些事情写下来的念头，但没有时间就搁下了。现在有时间了，上海一个人也不认识我，我想说话也找不到人，又不愿到处闲逛，正好可以把我对母亲的思念，把我的冤屈以及对极左思潮的憎恶，竹筒倒豆子，统统倒出来。在这四个月里，我开始写童年和少年时代的事情，主要是对母亲的思念。我自传的第一章“孤苦的童年和幼年”就是一九九二年完成的。

一九九四年，我们去北京照看牦牛。在这里，我也有不少时间继续写自己的经历。

从一九九五年起，老叶开始生病，我陪他四处看病治疗，直到二〇〇二年他去世，前后七年一直是照料他，以治病为主，自然谈不上写了。

二〇〇三年非典时期，我闲在金寨哪儿也去不成，请了保姆陪伴我。这一年我坐下来，每天伏案写作四至五个小时，写了近四个月，后来生病就停下了。

二〇〇五年我从合肥市第一人民医院出院后不再继续吃药。我吃药后反应大，基本上不能动笔。我的自传没写完，我要是走了，不是半途而废吗？我又请了一个保姆。我每天写作二至三小时，基本上把想说的话都写完了。

在我快写完大半的时候，叶鹏回家看望我。我第一次将写好的稿子拿给他看，他很认真地看了，我问他：“你反感吗？”他说：“不反感。”他表示支持我的写作，我高兴极了。说实话，到底能否写完，写成什么样，我一点底也没有，但我很相信大儿子的话，他是专业的编辑，是作家，他写过书。如果他当时不支持我，或是给我泼冷水，也许我就放弃了。

从那以后，我写作更积极了。领导同事们问我在家干什么，我把写回忆录的事告诉了他们。本以为他们会嘲讽挖苦我，但没想到他们都赞扬和支持我，并经常督促我，因此我坚定信心，断断续续地写完了自传。

写作是对我人生的回忆和总结，开始只知道把要说的话都倒出来，写着写着就觉得我的路走得不容易，得到了许多人的支持和帮助，应该感谢和报答他们。在所有感谢当中，首先要感谢解救我的人，我亲身感受了亿万人民当家做主的历史转折，是中国共产党解救了我，培养教育了我，造就了今天的我。明年是建党九十周年，我怀着对党的深厚感情以及诚挚的感恩之心，回忆自己走过的人生路。除了感谢党之外，我还要感谢我的领导、同事、同学和亲朋好友，是他们在我生命中困难和绝望时鼎力相助，帮我渡过难关。

在我的心里还有一个愿望，就是让我的后代了解我及我的家庭。我的五个孩子都是十八岁离开我，上大学就走出了家庭，接着自然组成了自己的小家庭。相隔上千里，见面不容易，交流也越来越少，对于家庭的过去会越来越淡忘。我想不如写出来，让他们慢慢看。

每个人来到世上都要活一回，怎么活呢？我想这应由每个人的人生观来决定。

年轻时我也曾有过美好的人生理想与追求。如我想上学，学知识和本领，好养家糊口，但那时办不到。解放了，共产党解救了我。我有工作能自立了，可以追求自己的理想，我一个劲儿地努力工作，积极向上，要求加入共产党。但事情不像自己想得那样简单，各种政治运动很多，冲击人们的正常生活。家庭也在发生变化，有了几个孩子，丈夫与我分居两地，收入少，生活越来越困难。摆在我面前的问题是怎样处理好工作、家务、孩子之间的矛盾。

无论有多艰难，我始终以工作为重。我宁可饿肚子，穿旧衣破衣，也要省下钱粮请保姆带孩子。我饿着肚子给学生上课，曾晕倒在课堂上，稍好后继续坚持上课。我工作突出，受到各级政府的表彰。二十世纪六十年代初，出席了县委召开的文教战线群英大会，开创了我担任教师工作的新局面，同时也给我漫长的人生路提供了许多转机。

当工作上取得一些成绩时，我要求入党的心更迫切了。但形势越来越紧，政治运动一个接一个，我不但入不了党，反而成了有历史问题的人，成了清洗对象，下放回原籍插队劳动，接受贫下中农再教育……这时我确实痛苦万分。

彼时我反复思考，我应相信自己是清白无辜的，我更相信党不会冤枉好人，相信有朝一日我的问题会得到解决。我不灰心不气馁，不怨天尤人，仍积极认真地做好每一项工作。有时人是无法主宰个人命运的，只有面对现实，把眼前的教师工作做好，把自己所应该负责的人生角色当好，这是最重要的。我给自己立下了以下要求：

首先，我要当个“教书育人”的好老师。在学校认真负责地教好每一个学生，关爱每一个学生。在家里关爱自己的孩子，教育他们好好学习。

其次，做个孝敬父母的好女儿和孝敬公婆的好儿媳。在母亲面前我是女儿，在公婆面前我是儿媳，他们生我养育了我，我应反哺他们的恩情，在他们生病或有困难时，我应挺身而出。

第三，做相夫教子的好妻子。工作上我们长期分居两地，家庭和孩子一直都是我在过问，靠毅力在维持和支撑一个家。

第四，做个养育、教育儿女的好母亲。并非每一个母亲都能真正理解和支持儿女成长中漫长而艰辛的历程。母亲有时无法为孩子的成长提供更多的支持，但是，母亲一生的奉献牺牲，必将潜移默化在儿女的人生奋斗历程里。我的祖上是农民，几乎不识字，我和丈夫老叶只有初中文化。我这一生最为欣慰的是，我的五个儿女都接受了高等教育，我们真正成为了有知识、有文化的家庭。无论儿女们在干什么，也无论他们是否富有，他们都是对社会有用的人，能够为社会发展做贡献的人。哪怕这贡献很小很小，但对于母亲来说，已经是足够大了。

垂垂老矣，回忆人生，我的心宁静而踏实。我也是从年轻时走过来的，也有过挫折和失误，也有过追悔不已的痛心时刻。现在想来，人生不可能步步都正确，即便是走错了，甚至走到了深谷之中，也不要紧，返回来就是。只要有时时调整的心态，有走回头路的精神和勇气，从头再来过。小时候，我母亲经常说："天上下雨地上滑，自己跌倒自己爬。"看来辈辈人都会碰到这个问题。任何时候，任何情况下，只要自己不倒，就永远倒不了。

人要有自知之明，不好高骛远，不做超越自己能力的事情。我是个普通人，干好我普通的事，在外把书教好，把学生教育好，在家把孩子教育好。只这一件普通事，就耗费了我毕生的精力。我常想，我的人生没有辉煌成就，没有骄人的业绩，但我不沮丧，不狂躁，我就把应该承担的都承担起来。社会的确是靠那些杰出的英雄人物推进的，但又是靠看似平常的普通人支撑的。我的祖辈是普通人，我也是普通人，走在人群里随时都会被淹没。我的孩子也是普通人，天底下普通人永远是大多数。我写《八十沧桑》的初衷也就是表示：普通人做好普通事，这样的人生也是成功的，也会得到世人的尊重。

我要特别感谢我的领导、原金寨县教委主任、梅山一小原校长钟读绪同志，原梅山一小校长胡尊芳同志，现任梅山一小校长朱毅岩同志，由于他们不断地鼓励和督促，使我抓紧时间写好了回忆录。钟读绪、朱毅岩同志在百忙之中，认真细读了还是一堆素材的初稿，并提出了许多真诚宝贵的意见，为我写了充满溢美之词的长序，给我由衷的鼓励。梅山一小党支部书记刘必俊同志来我家看望我，支持我的写作。我还要感谢金寨二中原教务主任王心定，我们是几十年的隔墙邻居，我请他帮我看初稿，他放下自家的事情，不顾炎热，积极认真地为我修改。现任梅山一小总务主任江成生及领导班子所有成员、退休领导陈效敏、江焕生等，原老领导王立炳、何世敏，学校退休的老教师和我的老朋友刘友珍、李承贵、梅梦萍、褚杏芬、江世芳、周成英等，他们都一直给我关心、帮助和支持。

我的五个子女都支持我写作。大儿子叶鹏和儿媳谢湘都是多年从事文字工作的专家。叶鹏边看边改边打印，在我初稿的基础上三易其稿，付出了极大的精力和心血，我们母子之间无数次磋商沟通，进行了数不清的修正和调整，才有了现在的模样。二儿子叶鸣积极参与看稿和改稿，并提出许多有益的意见。三儿子叶鹤在探亲回家的紧张日子里，专门拿出一天时间坐在家里看初稿。四儿子叶鸽也在极度紧张的工作间隙抽空看稿子，并时时督促我抓紧时间与大哥磋商，以完成大家的心愿。小女儿詹海燕一个字一个字地校对序言。我的侄儿汪大海离我最近，有事就找他，他有求必应。我写回忆录传记，要誊写、要复印，都是他在帮忙张罗。总之，一家人齐动员，群策群力，终于有了我的回忆录的面世。协助我完成了我人生的一件大事。

说出和写下的文字大不相同，心里话变成文字后感到很多地方都似乎和预想大不相同了。老年人记忆是否正确对我是个严峻的挑战。文字表达的是否妥当，知情人也会细细地比较。总之，肯定还有许多不足和遗漏错误的地方，请关心我、看我自传回忆录的同志们批评指正，我先在这里说声谢谢了。

2010年5月30日于金寨梅山